请给我结果 4

要结果，关键在执行

姜汝祥
著

中信出版集团 | 北京

图书在版编目（CIP）数据

请给我结果. 4, 要结果，关键在执行 / 姜汝祥著
. -- 北京 : 中信出版社, 2020.6 （2024.4重印）
ISBN 978-7-5217-1456-2

Ⅰ. ①请… Ⅱ. ①姜… Ⅲ. ①企业管理—人事管理
Ⅳ. ①F272.92

中国版本图书馆CIP数据核字 (2020) 第023255号

请给我结果4——要结果，关键在执行

著　　者：姜汝祥
出版发行：中信出版集团股份有限公司
（北京市朝阳区东三环北路27号嘉铭中心　邮编　100020）
承 印 者：北京盛通印刷股份有限公司

开　　本：880mm×1230mm　1/32　　印　　张：6.75　　字　　数：100千字
版　　次：2020年6月第1版　　印　　次：2024年4月第3次印刷
书　　号：ISBN 978-7-5217-1456-2
定　　价：48.00元

目 录

—第 1 章—

虚假执行力

—第 2 章—

真正的执行

—第 3 章—

不要任务，要结果

–第 4 章–

执行的48字真经

— 第 5 章 —

总经理七大执行错误

— 第 6 章 —

中层执行力

—第 7 章—

员工执行力：猴子管理法

— 第 8 章 —

新执行七大纲领

—第 9 章—

执行突破：打造职业化铁军

第1章

虚假执行力

这是一个属于移动互联网的时代，这是一个属于80后、90后甚至00后的时代。在全新的时代，我们仍然绕不过一个词：执行。执行意味着结果，意味着活在当下，意味着把梦想变成现实。

然而，存在着两种执行力，一种是真正的执行力，另一种是虚假执行力。比如强调“无条件服从”“没有任何借口”“心态决定一切”等，表面上看似乎也是执行，但长此以往，执行力反而会下降，我称这些为虚假执行力！

虚假执行力有五种表现。

虚假执行力之一：

无条件服从——
只强调员工的服从，不强调员工的智慧

很多人讲执行力，很喜欢讲员工的无条件服从，它是代工生产时代的产物，实际上是一种基于“规模制造”的执行力，是一种把人当

作工具的虚假执行力。

（1）过去代工生产时代，强调员工无条件服从，目的是机械化大生产，实现规模效率。

（2）现在是品牌创造时代，强调员工智慧，目的是关注用户，为用户提供个性化的独特价值！

代工生产时代，强调员工无条件服从

改革开放初期，所谓的“两头在外——原料在外，市场在外”，打造出来的是一大批代工企业，它们以山寨模仿为潮流，以速度为竞争优势。

举个温州打火机的例子，20 世纪 90 年代，国际上最新款的打火机，不出数月温州就可以量产；并且会不断改进，出厂价不到日本同类产品的 1/5。

模仿速度快，成本低，加上绝对的价格优势，市场生产几乎处于癫狂状态：货车就等在路边，一下装配线，马上打包发货。

此时，以代工企业为代表的中国经济发展，技术是西方的，产品是西方的，企业要做的只是模仿，要的就是快，要的就是把成本降低，要的就是员工服从。

此一时彼一时，时代变了，“无条件服从”反而成了劣势。

品牌创造时代，强调员工智慧

今天，中国经济正在从制造转向创造，从代工生产转向品牌制造。

什么是品牌，什么是创造？所谓品牌，关注的是最终消费者；所谓创造，需要的是员工的智慧。从代工生产转为品牌制造，中国经济的转型对员工的要求，从单纯的体力发展到脑力加体力，或者说，全部是脑力。

以玩具生产为例，合俊集团，全球最大的玩具代工企业，2008 年在东莞倒闭了。而中国的玩具企业 70% 做代工生产，那几年，整个行业几乎都在寒冬中挣扎。

此时，员工再怎么无条件服从也无济于事，再怎么无条件服从也不能让企业活得更好！

这说明，能够推动中国经济的不再是员工的手脚，而是员工的头脑。

在整个玩具行业挣扎生存的时候，有一家玩具企业正相反，活得非常好，这家公司叫广东奥飞动漫文化股份有限公司（简称奥飞动漫），它是我亲自服务过的一家企业，我们为这家公司提供过战略与执行一体化服务。这家公司的前身叫广东奥迪玩具实业有限公司，是一家传统玩具公司，也做过代工生产。

该公司从 2004 年开始转型，立志做“中国的迪士尼”：自己拍动漫，收购电视台，开发动漫玩具，打造“奥迪玩具”“奥飞文化”品牌。

2009 年，在整个玩具行业最惨淡的时候，奥飞动漫 A 股火爆上市，被誉为“冬天里的一把火”。

品牌创造，奥飞动漫需要的执行力不是无条件服从，而是对目标客户和娱乐需求的准确理解，而这种理解背后是员工的智慧。

奥飞动漫拥有上百个动画制作及管理团队，在动画、漫画、电视剧等主要创意、制作人员中，有相当一部分人来自香港。《火力少年王》《铠甲勇士》《电击小子》《果宝特攻》等一系列经典动漫深受孩子喜爱。

奥飞动漫能取得成功，在于它做到了一个字“准”。准，是这个时代的特点。谁能够准确理解用户的内在需求，谁能够让员工创造性地满足用户需求，谁就能活得更好。

准，就要关注用户，就要激发员工智慧！

虚假执行力之二：

没有任何借口——只强调员工责任，不强调领导者责任

“没有任何借口”是前些年很流行的口号，但在讲究品牌与创造力的今天，“没有任何借口”就是一种虚假执行力！

为什么？因为“将在外，君命有所不受”，让人把“借口”讲出来，也许正是我们改进工作、创造价值的机会！有句话说得好，“问题即机会”。

要知道，**执行不只是员工的事，它首先是领导者的事！**

但“执行力”已经变成领导者的首选借口，如果公司做不好，一句话就推得干干净净：“执行力不行。”于是，我们常常听到这样的话：“公司战略是没有问题的，就是执行有问题。”

这句话表面上没有问题，但是如果认真分析一下，就有问题了。我们只需要深入问一句：**员工执行力为什么不行？**

在你只讲员工责任、不强调领导者责任的时候，其实是把执行力本身的完整结构切割开了。

比如学生学习，很多家长都会说：“这个孩子不认真读书。”那么孩子为什么不认真读书呢？家长会说我其实给孩子制定了一个计划，给孩子构建了一个未来，战略没问题了，就是孩子的执行力不行。

这样讲表面上没什么错，好在我们都上过学，都有自己的切身体会：孩子不学习，是因为不想执行家长制定的学习计划。换句话说，**你做的战略是你的战略，不是我的战略，我凭什么按你的要求去做？**

家长忽略了自己的责任，即尊重孩子。如果不让孩子自己做计划，就不可能有孩子的执行力。执行力的天然结构是不能切割的。

如何把公司的战略变成每个员工的战略？如何把公司的战略转化成员工的行为？这个工作应该由谁来完成？

我的结论是：这个工作主要是领导者的责任，不应该是员工的责任！

军队作战，领导者也要自己做通团队的思想工作。**如果不能将战略转化为将士的行为，他就不配叫统帅，只能叫参谋或书生。**

我们过去在强调员工执行力的时候，其实强调的就是结果。因此，领导者不需要多说什么、多做什么，考核就行了，发奖金就行了！

这是一种什么逻辑?！执行不是简单地让敢死队冲锋，这套逻辑的背后，是执行力的误区：我们过分强调员工的责任，却不强调领导者的责任。

虚假执行力之三：

心态决定一切——只强调员工心态，不强调制度和流程

大家要明白一点：**企业需要的是组织化的执行力，而不仅仅是个人化的执行力！**

现在，很多公司热衷于心态游戏，甚至有的还很极端。可为什么执行力会变成心态游戏?

很重要的原因是，我们没有花时间认真研究一件事情的顺序或逻辑结构。当公司没花最大的力气去做这件事，而是让员工发挥主观能动性突破一切障碍、战胜一切困难，执行就成了“虚假”的心态游戏。

我们可以问一个问题：在什么情况下，特别需要一个人发挥主观能动性?

举个例子，有人掐着时间赶飞机，一旦堵车，主观能动性就出来了。他就猛跑、猛冲，甚至跟人吵架。为什么？没时间了。

为什么没时间？因为没有提前做准备。

反过来，如果先在网上把登机手续办了，然后坐地铁去机场，就不会有任何问题了。

这些准备工作没有做好，又选择一辆出租车，或者选一个驾驶技术不怎么好的司机，而且时间还那么赶，那最后的一切就只能靠执行力了。

所以，执行力有一个非常致命的假象：**不提前研究事情的逻辑，也不提前研究路径，没有把该消除的障碍消除掉，最后就只能强调员工的心态了！**

越是缺乏制度的公司，越是对流程缺乏准备的公司，就越强调心态，越强调“虚假执行力”。

虚假执行力执行的过程感觉很好，却很害人，因为虚假执行力将导致公司永远不能做大，或者做大了也总会出事。**没有内在的结构做支撑，必然依赖人的主观能动性来弥补制度的缺陷。**

只强调员工的心态，而不强调公司的组织制度和流程，公司规模小还没关系，公司规模一大就会出大问题，这是虚假执行力的典型表现。

虚假执行力之四：

集体利益高于一切——只强调团队利益，不强调个人利益

虚假执行力的第四种表现，是强调团队执行时提倡所谓的“集体

利益高于一切”，却不强调个人利益，更不强调个人利益与团队利益互为结果的团队文化。

这样，时间一长，大家都反感集体，觉得被集体愚弄了。

为什么会感到被愚弄了？因为个人永远是商业的出发点，或者说，每个人参与商业活动，首先考虑的是个人利益，然后才是集体或团队利益。所谓的市场经济，就是一种制度设计，让个人追求利益的同时，他人利益与社会利益也能得到实现。

市场经济能够取胜是有理由的。同样，所谓的公司，也是一种制度设计，这种制度设计的核心在于，每个人为团队利益考虑的时候，个人利益会自动得到实现，而不是损害个人利益。

我们要明白一个基本点：**团队执行力来自基于个人利益的团队实现，或者叫社会实现。真正的团队文化，不是来自少数服从多数，而是来自个人利益等于团队利益！**

当然，在这里，个人利益并不光指物质利益，个人利益也包含个人价值的各个方面，有物质利益，还有地位、声望、归属感等等。

现在很多公司都在讲团队执行，把团队抬到至高无上的地位。这表面上没有错，但认真去看，会发现背后存在很大的问题：在强调团队的时候，**把团队当成一个让队员无条件服从的借口。**

这不是真正的团队精神，也不是真正的团队管理。真正的团队是什么？

问自己一个简单的问题：家庭是中国最好的团队，那家庭是如何形成的？我们过年为什么要回家？我们清明为什么要回去祭祖？我们为什么要参加别人的婚礼？为什么要给老人祝寿？

请问，**没有这些家庭文化，能有家庭吗？**家庭只不过是家庭中每个成员基于血缘的一种利益认同，大家相信每个人的付出都会得到其他人同样的回报，这就是家庭文化。家庭凝聚力只是家庭文化的一种体现而已。

所以，真正的团队是什么？**真正的团队是：公司的领导层基于员工的“产权”，提供双赢的制度环境，与员工平等沟通，让公司的价值观、公司的战略、公司的重大事项成为每个人实现利益的一部分。**

只有让每个队员在内心对团队有真正的归属感，让他们感到团队的强大就是个人利益的强大，这个团队才是强大的团队。

如果我们内心没有归属感，利益没有实现渠道，就没有办法对公司的不同意见做出反应，有人破坏公司的利益（或者个人利益）也没有办法去制止……如果在做一件事的时候说，“为了团队你必须这样做”，那么又会是怎样的场景呢？

这是以团队之名行强迫之实！所谓少数服从多数，就成为强迫的借口。**以团队为名，强迫员工服从，最终摧毁的是团队的根基。**

虚假执行力之五：

“木桶短板”——
只强调竞争力，不强调核心竞争力

第五个虚假执行力，体现在很多公司强调的执行中，它没有强调

独特的用户价值，执行远离了核心竞争能力的打造。大家要明白：

真正有效的执行，不是做得更多，而是做得更少！

为什么真正有效的执行不是做得多而是做得少？德鲁克在《卓有成效的管理者》中讲得很清楚，要想真正有效，需要一段时间只做一件事，要做到这一点，就要放弃不值得做的事。

这就是说，执行力的本质并不是木桶理论，去补短板；执行力是斜木桶理论，要扬长避短。

在木桶理论下，由于找不到方向，于是到处补短，**加班就变成了执行力的同义词**。仿佛执行力就是勤奋、加班，就是玩儿命工作。这是虚假执行力盲目执行的表现，也是对执行力最大的误解！

所谓执行，就是创造公司和客户想要的结果。问题是，结果有很多，要什么结果？公司的事很多，员工的精力也有限，我们到底要做哪些事？

执行力的本质是做投资回报率最大的事，而最大投资回报率是由客户决定的，**聚焦才能真正做到最好！**

讲讲我自己的故事吧，大学四年，我非常清楚地知道哪些课对我的未来有价值，哪些课其实可学可不学。我花了最大的精力学两门课，第一门叫数学，第二门叫英文。数学是一切东西的基础，必须通过数学来训练自己的逻辑能力；英语是我了解外部世界的窗口。

而非常空泛的课我基本不上，非常具体的操作性课程我也不上，未来会不会做这些事都不知道，没必要玩儿命地去学那些很专业的课程。所以，我与很多人相反，他们都强调专业课，而我强调基础课！我放弃了很多课，但是我把数学和英文学得非常好。

我们班还有另一类人，他们每门课都学得特别好，拿到了奖学金。我从来没拿过奖学金。但是现在看来，哪类人有执行力？

我觉得我有执行力，因为像我这样学习的人更适应社会。我们在大学时计算机课学的是 BASIC 语言，我就不上。现在大家都知道，它可能已经成古董了。

这说明，执行力是有前提的，那就是你首先要知道哪些东西是你真正想要的，有明确的目标是前提。有了目标，才有放弃；有了放弃，才有聚焦；有了聚焦，才有简单与极致。

如果凡事都要做好，就是让大家都去拿奖学金，都去做三好学生，这种执行力太难了！这就是打造执行力很痛苦、不容易的原因。

真正的执行力应该是聚焦——只针对那些最重要的事去做执行。对于一些可做可不做的，就外包出去。

如果打扫卫生不外包，绿化也不外包，既做这又做那，把所有事都做了，上完班之后还要打扫卫生，那么有哪件事能做到真正的高水平？这样员工的执行力就超强了？

所以，执行力有个非常重要的前提：领导者要把最核心的客户价值（也叫独特客户价值）定义出来，作为员工的奋斗目标！

而聚焦的做法，理论上称为核心竞争力理论。核心竞争力强调的是发挥长处，而不是修补短板。

真正的执行力，强调的是“斜木桶理论”。执行力并不要求员工做到木桶理论所要求的每块木板一样齐。真正的执行力，要求的是我们的优势在什么地方，就应该把那块板加长，然后将木桶倾斜起来装水，这不是一样可以装很多水吗？

换句话说，**执行力的本质是把优点发挥到极致，而不要去弥补缺点。**缺的东西怎么弥补？可以外包，让别人去做。

耐克把运动产品的设计能力发挥到极致；美国人工成本高，生产外包给亚洲。扬长不补短，所以优秀。

想要核心竞争能力？那就要懂得一点：**真正有效的执行，不是做得更多，而是做得更少！**

取长补短、全面发展，只会造就平庸。请记住一句话："均好"与平庸往往是同义词。

— 第 2 章 —

真正的执行

什么才是真正的执行

虚假执行力的存在，背后体现的是这样一种思想，那就是用体力，用勤奋对冲个人产权保障，对冲流程制度设计，对冲个人创造性。这种思想部分源于曾经的小农文化对“体力崇拜”的讴歌。

所谓体力崇拜，实际上就是对“做农活的优秀品质”的赞扬。农耕时代对一个人最好的评价，是强调其纯朴、善良、勤劳、忍耐。

这种讴歌体现了一种农耕文明的纯朴，也体现了农耕文明对个人创造力残忍的压制。但信息时代的执行力首先是一种对“农耕文化”的超越，具体体现在两个方面的转型上。

第一个转型：从小农组织转型为职业化组织。

第二个转型：从强调体力、强调勤奋转型为强调智力、强调制度。

从小农组织转型为职业化组织

从小农组织进入职业化组织，这才是真正的执行力的核心。**在同样的业绩下，有两种组织方式：一种是基于人情与关系的小农组织方式；一种是基于契约与利益的职业化组织方式。**

这就好比打仗，同样是把对手打倒，有两种方式，一种是游击队的方式，另一种是正规军的方式。

游击队的方式是什么？把对手干掉，你用什么办法都可以。

正规军的打法是什么？军师旅团营，先建制，建制中又有分工，分工里面有安排，根据目标、方法和组织结构有序安排，最后形成集团军作战。

从小农组织到职业化组织，就相当于从游击队变成正规军，只不过这一转型的核心，在于对人性的尊重，以及对组织体系中合作的强调。

有很多人很困惑，为什么温情的小农文化或江湖文化，反而压制了人性的创造力？压制了组织的竞争力？或者说表面上最人性的关系，反而牺牲了最大的人性？

因为人是多变的，今天你代表真理，明天很有可能代表的就是谬误。这个世界上最复杂的就是人。**如果我们以人的正确与否为标准，这个组织就会变成江湖。**

以《水浒传》为例，卢俊义上梁山立了第一大功，宋江按约定要让出老大的位置，李逵、武松等众兄弟都不同意。“大哥”不仅仅是个职位，它首先是人情。离了宋江，梁山好汉就会散伙！

在这里，兄弟情义是主线，凭心交易，论功行赏，对人不对事，这就是江湖文化的实质。江湖文化是有其存在道理的，那就是江湖组织文化体现了农民的优秀品质。

但江湖文化的弊端也是明显的，梁山式的江湖文化其实是一个封闭的圈子，杨志在攻击晁盖等人杀富济贫的时候就质疑："你们劫的十万贯是如何分的，不就是在几个兄弟之间分吗？分给天下穷人了吗？"

这就是江湖文化的特色，对生人讲制度，但对兄弟、对圈子中的熟人就要讲情义。"兄弟之间"谈钱，那不是见外了吗？可利益冲突却是客观存在的，万一真的出现矛盾该如何办？

解决的方法是"能人政治"，人们需要一个懂得江湖潜规则的"及时雨"来解决江湖纷争，而老大解决问题的方式非常简单，那就是"义字当头"，只不过这种"义"局限于兄弟范围，为了兄弟可以牺牲其他人的利益，以情感和道德替代规则，独裁便产生了。

从情义开始，到大权独揽结束，一部《水浒传》讲清了中国组织与制度深化的逻辑主线。

我常看到很多民营企业供奉着关公像，在一片现代化的设备包围中，红烛黄香的关公供奉台显得很不协调，但这就是中国不少民营企业家凝聚人心与管理组织的内心写照。

但现代企业制度毕竟是建立在市场逻辑之上的，那就是尊重人格独立与个人利益，并以此为基础设计组织与制度。从这个意义上讲，中国企业最大的挑战并不是业绩，而是企业家自身，如果企业家不能超越梁山式的江湖义气，去学习与拥抱现代商业文明，那么未来的结局会是什么？

基于市场的职业化组织有什么不同呢？以 NBA（美国职业篮球联赛）为例，乔丹走了有问题吗？姚明走了有问题吗？没问题。每一阶段 NBA 都在创造不同的英雄与明星，NBA 就是一个典型的职业化体系。

这套体系的核心是什么？ NBA 的规则。每个人为什么打球？不是为某个人打球，而是根据规则打球。规则的背后是什么？是观众，以及代表观众利益的 NBA 裁判委员会。

在这样的组织里，人们受到职业规则的约束，同时也有规则下的充分自由，由规则赋予的自由。用流行的话来讲，这就叫法治。

所以，**中国企业打造执行力涉及组织体系的巨大变革。这个变革就是，打造一种以规则、法制为核心的组织形态。**只有建立这样的组织形态，企业才能够真正做大。

这样我们就明白了，执行力的背后，有着两个完全不同的组织体系。小农组织体系与职业化组织体系，哪一个执行力更强？

短期看，认同人和人的关系的小农组织执行力更强。士为知己者死，一个人冲上去，后面跟着无数人，这就可以把天下打下来，这就叫创业。

但是要真正做成一个长久的公司，背后一定需要职业化体系。创业型公司一定要变成增长型公司。

新执行力本质就在于，如何从这种以人情为核心的江湖性组织，进化到以职业为生，讲规则、讲法制、讲职业化、讲职业经理人的体系。

从拼体力转型为拼智力

新执行力的第二个转型是：从拼体力的虚假执行力，到拼智力的智慧执行力。

我前面说过，体力和勤奋在我们的文化中十分重要，因为我们的传统生产方式是农业，靠体力、靠天吃饭，无论想做成什么，一定要按季节、靠勤奋去做。

我们经常强调的“一分汗水一分收获”就是最生动的写照。

19 世纪以来的工业革命，改变了农耕文明的逻辑。试想，汽车发明之后，你要用多勤奋的马车才能追上汽车？飞机发明之后，你要用多勤奋的汽车才能追上飞机？

可见，工业革命的成功更偏重于智力。

很多人说，“80 后、90 后没有执行力，不勤奋”。真的是这样吗？你看他们为了打游戏，能三天三夜不睡觉，勤不勤奋？

所谓的勤奋只是现象。不要去强调现象，应该强调现象背后的原因。

勤奋背后的原因是利益回报机制。也就是说，**如果将一个人的劳动跟他的利益关联起来，将一个人的成果跟他的成就感、尊严、精神**

追求关联起来，每个人都会很勤奋。

所以，公司不要过度强调勤奋，而要强调勤奋背后的制度设计。

真正的勤奋是什么？每个民营企业的老板都很勤奋，为什么？不是因为这些人天生勤奋，而是实施了民营企业制度。

所以，**民营企业老板的勤奋不全是人性造成的，大部分是制度设计造成的。**

有智慧地执行

讲到执行，我很想谈丰田，丰田也是制造，但它是精益制造。如果说，代工生产厂家雇用的是员工的手脚，那么丰田这样的公司雇用的是员工的头脑。

有人比喻说，多数代工生产厂家的员工是机枪手，一声令下开枪扫射就行——每天重复同样的生产动作。而丰田员工是狙击手，在复杂的环境中自己寻找机会，自己创造更有效的方法，然后一击即中——每天做持续改善。

我想，像丰田公司这样的员工就是在有智慧地执行。智力是生命给予人类最伟大的礼物。我们不仅有体力，有思想，还有创造性。

这个世界，什么资源都是稀缺的，什么都是越用越少的。但是，有两样东西是越用越多的：一个是情感方面的，叫爱；另外一个是创造方面的，叫智慧。

生命这样安排一定是有道理的。人类真正的财富应该从智慧中来，就像人类的文明和幸福应该从爱中来一样。因为智慧是取之不尽、用之不竭的。

新执行力强调有智慧的执行，也就是说，**执行绝不是一种奴性的、不加思考的执行，而是一种有智慧的、有思考的执行。**

在做一件事情的时候，我们把一件事情的执行分成执行前和执行后。

在执行前，更多地讲智慧，换言之，**在执行前要尽量思考更多的办法，要去寻找更多的路径，在这些路径里找出一种最有效的手段，**然后有智慧和勤奋地去执行。

新执行力是有智慧的执行！而有智慧的执行其背后是制度体系。印度的服务业为什么很发达？特别是 IT（互联网技术）外包服务业，所占份额几乎全球第一，主要是因为印度对私有产权与知识产权的保护做得好。

当然，与自己相比，中国经济的发展也是制度变革的产物。1958—1978 年，中国农村成立人民公社，农村经济实行公有制。土地、农具、设备归集体所有，所有农民每天统一派工、出工，按劳动能力和劳动时间记工分。“出工不出力”这个词就是那个时代创造的。

不论怎么做思想教育，不论工分记得有多细，粮食就是不够吃。1978 年，实行包产到户，各家种各家的地，不用思想教育，更没有工分，不但马上能吃饱，而且还能吃好。相同的土地，相同的技术水平，相同的一批人，只是改变了制度，产出完全不同！

可见，新执行力是靠制度执行的，可以改变的不是人性，而是制度设计。如果企业的效益不够高，如果企业的执行力不够强，那么请大家**不要只在文化、团队方面下功夫，更重要的是在制度设计层面下功夫。**

如果企业执行力有问题，那么请这家企业的老板问问自己：是否自己的制度设计让员工觉得无论怎么干收益都没有多大变化，从而把企业做成了吃大锅饭？是否在创造或执行的过程中，员工没有得到相应的回报？回报不完全是金钱，还包括尊严、成就感的实现。

靠制度设计、制度创新提升执行力，这才是新执行力的核心！

快乐工作，新执行力的使命

工作不仅仅是一种谋生手段，工作还是一个人生命的一部分。进入知识经济时代，企业管理者必须懂得，**工作实际上是一件让人很快乐的事。**

企业的使命，就是在为用户创造价值的同时，让员工快乐工作。如何让员工快乐工作？这涉及三个方面的问题。

（1）工作怎么可能会快乐？

（2）怎么把工作中快乐的要素释放出来？

（3）如何实现让感兴趣的人做感兴趣的工作？

工作怎么可能会快乐?

大家会想，工作是件苦事，怎么可能会快乐呢?你去看看小孩，凡是两三岁的小孩都很愿意干活。

为什么两三岁的小孩什么都想干?为什么人一大了就不愿意干活了呢?

区别在于，两三岁的小孩干活叫快乐，大人干活叫谋生。所以当干活完全变成谋生的时候，这个乐趣就没有了。没有了乐趣，大家就会反感。

由此我们懂得，工作也存在着细微的区别：**如果干活能成为一种乐趣，人就玩儿命地干活；如果干活是一种谋生的手段，就意味着我是为了谋生被迫干活，“人在屋檐下，怎能不低头”。**

这样的演化过程是非常值得研究的，这也是新执行力非常关键的要素。我们能不能把工作从“谋生”转化为“谋生”加“快乐”，或者慢慢地变成“快乐”?

比如，我在读大学时就不怎么快乐。因为当年读大学很大程度上是为了以后的工作，是为了考试，所以就很不快乐。

但是现在，读书在我的生活中已经变成一种快乐，一天不让我看书，我就很难受。有时候到国外度假，最痛苦的就是突然间发现没有书读了。

不少人喜欢看电视，觉得看电视是快乐。但看电视对我就是一种痛苦，想着有些我觉得肤浅的电视剧，我就觉得看了真是让人痛苦不堪。但是我的家人看得欢笑不已，所以，一件事的快乐与痛苦是相对的。

如果能够把一件事情的快乐要素释放出来，而且把那些对它感兴趣的人放到这个位置上，这件事情就变成了快乐的工作。

相反，**如果我们不能把快乐要素总结出来，不能让愿意做这件事情的人去做这件事情，就是痛苦。**

接下来我们将讨论怎样把工作里面的快乐要素释放出来，如何让喜欢这个工作的人去做这件事。这是新执行力非常重要的两个要点。

怎样在工作中释放快乐

工作的快乐有三个方面，第一个方面是人际的快乐，第二个方面是专业的快乐，第三个方面是增值的快乐。

释放人际的快乐

人是群居动物。**人的幸福感很大程度上来自人，而不是来自一件事。**

比如，打牌的快乐跟人有关，并不是跟什么样的人打牌你都会快乐。我们往往跟自己最喜欢的几个人打牌就很快乐，相反，换了人宁愿不打。

这就说明，**我们做一件事的乐趣跟人际关系有关。**

从这个角度出发，我们能不能在工作中设计出交流？人际交流可以创造乐趣！我们做的 MIP（企业一体化智能管理平台），包括现在的微信等社交工具，为什么对于现代社会的意义越来越大？就是因为它们在创造工作中的人际交流。

工作中的人际交流可以创造工作中的快乐。新执行力特别看重人际交流，让人们去沟通工作内容、工作成效，这会让人觉得快乐。

我们在工作中如何创造人际交流的乐趣？

移动互联网或新兴的高科技手段，已经创造了全新的人际交往的互动内容。我们可以通过手机、iPad（苹果公司平板电脑）等各种移动终端，在很多闲暇时间交流，比如在上班、下班的路途中，在等飞机、等火车、等公共汽车的时候。这些闲暇时间，是工作还是休息，是快乐还是痛苦，全在于我们的选择。

如果我们能以手机创建一个沟通体系，大家就可以通过这个平台，既沟通工作又能感受到快乐。

而且，在人际交往中，我们相互帮助也会感觉很幸福。

这是新执行力的人际快乐。

释放专业的快乐

庖丁解牛，分解一头牛如同艺术表演，让国君叹为观止。一把刀用了 19 年、宰了上千头牛，仍像刚磨过的一样锋利，这是他的专业成就。顺着牛的身体构造，沿着间隙用刀，游刃有余，这就是他的专业快乐。

爱迪生，一生大约有 2 000 项发明，每项发明都要经历很多次失败。

在发明新型蓄电池的过程中，他在5个月的时间中失败了几千次，别人惋惜他的失败，他却说："我已经知道好几千种物质是不能用的，难道这不是结果吗？"不断试错，探索新的可能，这就是他的专业快乐。

杨丽萍，《雀之灵》印入每个人的头脑，不管你懂不懂舞蹈；《云南印象》征服了整个文化界，不管你是否知道里面的演员都是农民。53岁，她还在排练新的舞剧《孔雀》。"跳舞很快乐，能和神说话，"她说，"舞台并不是承载舞蹈的唯一地方，舞蹈是我的生活方式。我奶奶老到背都驼了，依然去村子里跳舞，她告诉我，跳舞是件快乐的事。我也会一直跳下去！"这就是她的专业快乐。

我们如何在工作的专业层面体会到乐趣？这一层面一旦被突破，就会让我们对工作本身感到快乐。

（1）变被迫为一切以我为主。

人通常在快乐的时候最有创造力。我们都有过这样的经验，有时憋在办公室里冥思苦想很久都一无所得，然后走在路上，或者在家洗澡、上厕所，或者喝咖啡的时候，灵感突然就来了。

所以，要释放人的创造力，就要让人快乐。这就意味着要一切以我为主。

什么叫一切以我为主？

走进谷歌，你会发现这里简直就像个游乐场，想吃就吃，想玩就玩，作息时间都随你的心情。上班也不用统一穿制服，爱穿什么就穿什么，即便带孩子和宠物来上班也没问题。

这样做的好处是，“每天早晨我都感到自己仿佛前往乐园上班。编写计算机程序是非常疲劳的事，但这个地方就像一座游乐园或一个度假胜地，没有一名员工会感到疲劳，这里到处都是台球桌、咖啡馆和休闲室……”

谷歌有十大信条，其中之一就是“认真不在着装”。“我们的工作氛围非常轻松，但就是在排队等咖啡的过程中，在小组会议上或健身房中，新的想法在不断涌现，并以令人目眩的速度交流、测试，然后投入实际应用，这些新想法往往会催生世界范围内被广泛使用的新项目。”

谷歌还设立了一个名为“首席文化官”的岗位，任务非常简单：保持谷歌独特的文化，使员工感到快乐。

谷歌的快乐工作策略引起了业界的重视，因为大家都知道，**不管自由开放、快乐工作是不是让人更有创造力，但是，有创造力的人才会流向自由开放的快乐之地。**

的确，只要看看网友们对谷歌工作环境的艳羡，就知道什么叫心之所向了。

中国的 80 后、90 后、00 后陆续成为职场主力，他们更习惯于以我为主，更在意工作环境是否宽松自由，是否能让他们感到快乐。未来的变化就是，所有的工作要以我为主。

（2）把个人兴趣转化为职业成就。

以我为主的工作方式的背后，是员工把喜欢的工作内容转化成自我的创造性，把自我的创造性变成工作，走向庖丁解牛的境界，获得职业成就感。

所以，我们的工作体系，会面临一个很大的变革。这个变革就是，可能未来所有的公司都要向谷歌、苹果及 3M 学习。

谷歌、3M 的工作方式就是，员工用 80% 的时间来做公司的事情，用 15% ~ 20% 的时间做自己的创造，他们可以相互交流，实现一些自己的创意——其实，这就是把专业扩展了。

苹果的产品为什么优秀？

苹果有个所谓的 631 定律。做一件事情的时候，公司会鼓励员工成立 10 个小组，这 10 个小组可能都用业余时间做项目。然后把 10 个小组中的 6 个淘汰掉，还剩 4 个；再把 4 个中的 3 个淘汰掉，只剩 1 个；最后选取这个小组的项目作为公司的正式项目内容。这就是所谓的 631 工作方式。

我想，这种方式未来肯定不仅仅是高科技企业的工作方式。我相信，未来所有企业的工作方式都会是这样的！

当然你可能会说，那样的话我们公司的工作时间不就减少了吗？

我想问你，过去我们每周工作 6 天，现在每周工作 5 天，你觉得我们的效率降低了吗？你觉得我们这个世界的创造减缓了吗？没有！

那两天的休息能让人们的创造力增加，能让工作效率大大提升，也能让你的创造力大大提高。要知道，我们现在不再是体力创造，而是智力创造。

智力创造过程需要灵感，需要智慧。智慧和灵感不是强求得来的，不是与时间成正比的，它们更多是由人对生命的体验，对生活的享受，以及个人的生活经历创造的。

所以，这种工作方式的变革，能创造更多的财富，而不是更少的财富。

不要把每个员工老老实实地在那坐 8 个小时当成财富。那不是财富！真正的财富是结果，是创造，是快乐的过程。

释放增值的快乐

好的工作与员工的能力和发展相匹配，员工如果能如鱼得水，工作就会很快乐。不好的工作与员工的能力和发展不匹配，员工觉得委屈了自己，工作也会很痛苦。

“三有好工作”，释放员工增值的快乐。

“三有好工作”在丰田是一个特殊的短语，它表示一个好工作的标准是：有一定难度、有干劲、有成就感。

在丰田，一个员工最重要的是要成为“人财”，即成为能够最大限度创造价值的员工。

员工怎样才能成为“人财”？

环境决定行动，有什么样的管理环境，员工就有什么样的行动。这其实就是强调环境的力量，这就是丰田“人财”机制的秘密。

员工身处一个好的工作环境，自然就会成长！环境决定行动，有什么样的管理环境，员工就会产生什么样的行动。

丰田公司认为，一个“好的工作”需要具备“三有”。

一是让员工觉得**“有一定难度”**的工作。所谓“一定难度”，就是要把握员工的“职业发展方向”和“强项、特点”，把握部门内业务发展的方向，然后赋予员工“能力 + 提升”的工作。

二是让员工觉得**“有干劲”**的工作。所谓“有干劲”，就是要通过日常的即时反馈，让员工觉得自身受到关注，特别是对工作中出现的问题，要通过观察每天的工作情况，帮助员工思考为什么会出现这种“状况”，妥善应对，“让其做，并让其学”，在一个问题解决之后，把握员工的“特征”，洞察潜在的其他情况，从而让员工感觉就像打游戏一样，过了一关还有一关。

三是让员工觉得**“有成就感”**的工作。所谓“有成就感”，就是要即时评价员工的工作，针对工作情况进行反馈，认可并赞赏员工。

三有好工作，既能让员工获得增值，获得工作的快乐，也能让公司获得“人财”——能够最大限度创造价值的员工。

丰田对领导有一项特殊的检查，那就是领导需要自我评价，是不是给员工提供了“好的工作”，标准就是“三有好工作”。只有为员工提供了“三有好工作”，才能算合格的管理者。

值得注意的是，这样做考核的并不是丰田的员工，而是丰田的管理者。换句话说，如果员工没有创造价值，没有在做有价值的工作，责任在管理者。

有什么样的管理者，就有什么样的员工。想要什么样的员工，就去培育什么样的管理方式。

想要“人财”增值吗？希望员工从增值中获得快乐吗？

那么，员工无论做什么样的工作，领导者都应当按照“三有好工作”的标准执行。

人际的快乐、专业的快乐、增值的快乐，这就是新执行力的专业体系的乐趣。

让感兴趣的人做感兴趣的工作

我们再来看，如何让对工作感兴趣的人做他感兴趣的工作。方法有两个：

> 一是让员工来选择他们所做的工作。
>
> 二是建立一个学习型的组织，让他们既喜欢又有能力做这个工作。

让员工来选择他们所做的工作

用人所长是德鲁克的用人哲学。德鲁克说：“卓有成效的管理者懂得如何发挥人的长处，他知道只有长处才能创造有效产出，紧紧抓住缺点和短处就意味着干不成事。”

那么，什么会成为人的长处？看看牛顿、毕加索、比尔·盖茨等这些大成就者的成长经历，你就会发现，兴趣成就了他们的特长。正如爱因斯坦所说，“兴趣是最好的老师”。

在未来，用人所长、快乐工作的一个非常重要的前提就是，要让员工来选择他们所做的工作。

举个例子，大学的专业现在越来越不那么细分了。我当年上学的时候，各专业分得很细，每个专业开的课都不一样。

西方教育体系的做法不是这样的。它们的做法是在大学一二年级不分科，只有到了三四年级之后才开始分专业，而且每个学生可以在各个学院选课。

由此我们得到一个启发：其实工作的专业性可以跟个人偏好做很好的匹配，也就是说，公司要让真正对这个工作感兴趣的人来做这个工作，而不是一开始就问“你的专业是什么”。

我们要考虑能否在公司里创造一个平台，让员工可以相互打破工作上的壁垒。

比如能让财务了解一下人力资源的内容、销售的内容、制造的内容。了解之后，一个财务人员说我不想做财务了，因为我觉得做财务没有乐趣，我喜欢做销售，也许他就是一个很好的销售。相反，也许一个销售人员了解人力资源之后，他会认为从事人力资源能发挥更大的创造力，所以决定做人力资源了。

当然大家可能会说，你又没有学过人力资源，没有钻研过人力资源，你凭什么能做人力资源？

所以，让对工作感兴趣的人做感兴趣的工作的背后，其实是有两个体系支撑的，第一个就是公司工作的开放性，尽力让不同岗位的员工进行交流和沟通；第二个就是公司的学习体系。

建立一个学习型组织

轮岗之后，或者交流沟通之后，就存在着专业性弥补。我们要建立一个学习型组织，让员工有学习的机会和学习的环境。

如果一个人喜欢一个工作，兴趣就是学习的老师，或者说兴趣就是最好的学习。所以当员工喜欢了之后，你又创造了环境让他学习，那么他取得的成就也许会不亚于专业性人才。

就像现在有很多好的设计师，其实很多都没有上过大学。他们就是自己喜欢！因喜欢而造就的画家，因喜欢而造就的设计师，很有可能比那些科班出身的设计师做得还要好。科班是为了谋生，喜欢是得到乐趣。

所以，这就是新执行力最重要的一个特点，要创造快乐的工作，要让人们从工作中得到快乐。不是仅仅简单的服从或按照指令完成就叫执行。

新执行力是不是跟过去完全不一样？

第3章

不要任务，要结果

不要任务，要结果

市场经济最基本的入口，就是把用户的选择权，即用户偏好，当成经济活动的第一入口，商家为用户提供满意的商品，就成为整个商业活动最核心的内容！

所以，创造用户满意的产品，就成了企业的核心目标。问题是满意的产品从哪儿来呢？从员工的创造中来。

这就是执行最基本的逻辑：企业为用户提供满意的结果，员工为企业提供满意的结果，这种逻辑关系讲清了执行的本质：所谓执行，就是创造用户满意的结果。

遗憾的是，由于分工与协作的关系，我们往往把“做”等同于“结果”，把产品当成了用户价值。想一想，我们每天会碰到多少这样的回答：

“我已经做了我应该做的，这件事情结果如何与我没有关系。”

碰到这样的回答，你怎么办？解决的办法是，区分“任务”与

“结果”，执行要的是结果，不是任务。

任务假象：不要苦劳要功劳

2012 年伦敦奥运会，中国以 38 枚金牌位列奖牌榜第二名。与往届不同，大家对金牌的态度发生了一些微妙的变化，人们不再是一边倒的唯金牌论。

这似乎有些奇怪，过去几十年，每次奥运会，金牌榜往往是最受注目的，我们每得到一枚金牌都是举国欢呼。

但 2012 年奥运会，为什么突然就出现了反“唯金牌论”？

这就是观念的变革：人们终于发现，金牌不是民众强身健体的结果，金牌也不代表全民健身的结果。于是，有微博用户发声：不要单一的金牌任务，要全民健身结果。

把金牌这个例子应用到企业，我们会发现企业也有很多这样的“任务”现象：很多人把表面的荣耀当结果，于是在执行的时候，完成的其实是任务，而不是结果。

表面的荣耀不是结果，这容易理解。但一定要创造用户满意的结果，那才叫执行吗？对此也许有人会感到迷惑：完成任务，去做了，结果能完全由自己控制吗？既然不能够控制，那如何要结果？

其实这是一个心理学的小陷阱：企业中很多部门、很多人合作才能创造结果，久而久之，员工就感觉自己对结果无能为力，于是只对流程负责，而不对结果负责，对任务负责，而不对结果负责。

这种思维最大的问题是责任感的丧失，心理学研究表明，当人们认为自己的行为与结果相关的时候，责任感就会产生，相关度越大，责任感越大；相关度越小，责任感越小。

比如，母亲为什么对子女有那么强的责任感？一个重要的原因在于，她认为自己的行为与结果高度相关。社会责任感同样如此，一个对社会失望的人，其实并不是真的对社会失望，他是觉得自己的任何行为都不会对社会产生什么影响。

企业是一个为用户创造价值的经济组织，员工为用户创造结果，企业才会有结果（盈利），员工也才会有收入。员工与用户价值之间，存在着一对一的因果关系，这是执行最基本的逻辑，懂得与承认这一逻辑，是执行的起点。

这种逻辑关系意味着，执行的结果是“用户价值”，凡是不创造用户价值的，无论你有多么辛苦，都不是执行。执行需要人们勤奋，但勤奋却不是执行，用户不相信苦劳，用户只相信功劳。

这种“结果”意识，反过来也明确了一个基本的责任关系，那就是任何员工，对用户价值、对结果都有百分之百的责任。

九段秘书：你是几段秘书

举个例子，有个总经理要求秘书明天上午九点安排一个会议。这是一个最简单不过的执行问题，大多数人是如何做的？通知所有参会人员，然后秘书自己也参加会议，并且做好服务，这就完了！

但我们想要的结果是什么呢？下面是九段秘书的不同做法。

一段秘书的做法：发通知——用电子邮件或在黑板上写个会议通知，然后准备相关会议用品，并参加会议。

二段秘书的做法：抓落实——发通知之后，打电话与参会的人确认，确保每个人都接到通知。

三段秘书的做法：重检查——发通知、落实到人之后，第二天在会前 30 分钟提醒与会者参会，确认有没有变动，将临时有急事不能参加会议的人立即汇报给总经理，保证总经理在会前知悉缺席情况，也给总经理确定缺席的人是否必须参加会议留下时间。

四段秘书的做法：勤准备——发通知、落实到人、会前通知之后，测试可能用到的投影、电脑等设备是否正常工作，并在会议室门上贴上小条，写上此会议室明天几点到几点有会议。

五段秘书的做法：细准备——发通知、落实到人、会前通知、测试设备之后，还会了解这个会议的性质是什么，总裁的议题是什么，然后给与会者发送过去与这个议题相关的资料，供他们参考（领导通常都很健忘，否则就不会经常为一些过去决定了的事，或者记不清的事争吵）。

六段秘书的做法：做记录——发通知、落实到人、会前通知、测试设备、提供相关会议资料之后，还在会议过程中详细做好会议记录（在得到允许的情况下，做一个录音备份）。

七段秘书的做法：发记录——会后整理好会议记录（录音）给总经理，然后请示总经理是否发给参加会议的人员，或者其他人员。

八段秘书的做法：定责任——将会议上确定的各项任务一对一地落实到相关责任人，然后经当事人确认后形成书面备忘录，交给总经理与当事人一人一份，并定期跟踪各项任务的完成情况，及时汇报给总经理。

九段秘书的做法：做流程——把上述过程做成标准化的“会议”流程，让任何一个秘书都可以根据这个流程把会议服务的结果做到九段，形成不依赖于任何能人的会议服务体系！

从以上九段秘书的工作方法中，我们看到的是什么？是执行力，真正的执行力，其实要的是基于用户价值的结果，而这个结果，是员工动脑筋创造出来的！

接下来我要问的是，一段秘书你付多少钱？九段秘书你又付多少钱？一段秘书很听话，很老实（至少表面上是），九段秘书经常与你有不同看法，让你很不悦，你平时会喜欢谁，打击谁？

我觉得这就是执行力的真相，我希望大家重新认识执行力。我想说，如果你想赚钱，想为用户创造价值，就不要以自己的喜好衡量员工的行为，而要以用户价值和利润贡献去衡量，听不听话不要太当真了。

有句话说，三个臭皮匠，顶个诸葛亮。我觉得，这是沉溺于廉价劳动力模式的一种意淫。在知识经济的今天，不要说三个，就是三百个臭皮匠也顶不上一个诸葛亮。

我们并不是要到处找诸葛亮，我想说的仍然是执行力这件事，每个公司的员工其实都有点儿诸葛亮的基因，每个秘书都可以做到九段，这并不难。问题是他们的基因可能会被管理者的偏好压制，因为管理者通常喜欢听话的员工。

当然有人会反驳我说，我喜欢的是既听话又能干的员工。

从进化论的角度讲，既听话又能干的员工，时间长了“听话”那部分机能会进化，“能干”那部分机能会退化，这不是我说的，是德鲁克说的。

这就是我们提倡的执行力的出发点：要尊重员工的创造性，更要激发他们用脑子干活，要愿意给创新员工付费，要把人当成资本，而不是成本。

不要机械式的执行

在公司中，任务与结果的矛盾会导致员工甚至整个公司都找理由推卸责任。员工找理由对付你，你找理由对付其他人，因为只要完成了任务，我们就有一万个理由来说明，没有结果不是我们自己的责任。

另一方面，因为没有讲清责任，结果真正出来的时候，任何人都可以争功，表明是自己的功劳。比如上面说的打电话通知开会这件事，打了电话之后，所有的人准时参加了会议，你说这是谁的功劳？

打电话的人完全可以说是他的。结果在他的个人总结中，就会有一条“总是按时完成上级交代的任务”，这样说你无法反驳！

但实际上，真正有执行力的是那些参加会议的人，他们接到一个通知，然后准时准点参加会议，不需要任何提醒，排除了所有干扰。

我们要懂得一个基本道理：对结果负责是对用户价值负责，而对任务负责是对工作程序负责。公司大，部门和职位就多，流程往往就会代替结果，组织层级就会代替用户价值，于是任务就会迷惑我们的眼睛，也就有了无数可以开脱责任的理由：你看他已经尽力了，他已经努力了，没有功劳也有苦劳，等等。

如果我们要致力于打造一个拥有强大执行力的团队，那么请记住，执行永远只有一个主题：执行是要结果而不是完成任务。我们永远都要锁定结果这一目标，而不是任务这一程序。

结果的三要素

三要素

冯小刚是中国最早拍商业片且赚钱的本土导演，他总结自己成功的原因是："人民群众喜闻乐见的，就是我们乐意奉送的！"冯小刚这段话讲了结果的三个方面。

> 用户价值是"喜"和"乐"。
>
> 用户价值是通过"闻"和"见"这样简单的感官实现的。
>
> 用户的喜爱是用票房价值来体现的。

这三点，我们将之概括为结果的三要素：有价值，可认知，可交换。

有价值

结果不是被某人主观定义的，而是被用户定义的。这就意味着，员工衡量自己工作的标准，不管是领导、自己，还是同事，都不是最终的标准，所有评价都必须符合用户价值，用户价值才是最终唯一的衡量标准。

当然，在具体工作中问题就来了，像财务部，离外部的用户那么远，它的用户是谁?

在这里，我们通常会引入内部用户这个概念，用来表达财务部所服务的部门，就是财务部的用户，比如销售部、管理层，都是财务部最重要的用户。

值得注意的是，当内部用户的标准与外部用户的标准发生矛盾时，外部用户才是唯一的仲裁。

可认知

用户价值的标准是什么？答案是，用户的认知。

也就是说，用户价值很大程度上是用户的认知价值，特别是对服务业而言，一个产品或一个服务，有没有价值，是由用户的喜好决定的。产品再好，你工作再努力，但用户没有感觉到，对此没有概念，他就不会为此付钱。

可交换

正如电影的价值要通过票房来体现一样，商业的价值，最终要体现在利益的交换上。让用户喜欢并不是结果，让用户把喜欢变为购买，才是真正的结果。

叫好不叫座是艺术，真正的执行是叫好又叫座。在这一点上做得最好的是苹果，苹果既叫好也叫座，这才是执行追求的最高境界！

执行，从行动第一开始

有这样一个故事，一位老和尚，他身边有一帮虔诚的弟子。这一天，他嘱咐弟子每人去南山打一担柴回来。弟子们匆匆行至离山不远的河边，人人目瞪口呆。只见洪水从山上奔泻而下，无论如何也休想渡河打柴。

无功而返，弟子们都有些垂头丧气，唯独一个小和尚与师父坦然相对。师父问其故，小和尚从怀中掏出一个苹果，递给师父说，过不了河，打不了柴，见河边有棵苹果树，我就顺手把树上唯一的苹果摘下来了。

后来，这个小和尚成了师父的衣钵传人。

有句话叫：“先开枪，再瞄准。”很多人都不理解，因为在我们的印象中，一直都是要“先瞄准，再开枪”的。但在互联网时代，人们终于懂了。先开枪再瞄准的逻辑就是执行逻辑：一个差的结果，也比没有结果强。

为什么要行动第一？这有点儿像吃梨。无论你怎么研究梨的构成，如果不吃，你就永远不知道梨是什么滋味。所以，在执行的意义上，学问不是第一位的，实践才是第一位的，凡事要亲自做一遍。如果不吃梨，就不知道梨是什么滋味，事情就这么简单。

如何做结果

在我们明确了做结果的重要性和唯一性之后，接下来的问题是：结果怎样做？！

两条美女蛇

结果从哪里来？只能从行动中来，结果不能通过思考获得。无论你如何思考，无论你思考的水平多高，结果都不可能通过思考获得。

可是我们发现执行路上有两条美女蛇，一条的名字叫“迷信技术”，另一条的名字叫“追求完美”。之所以叫美女蛇，是因为它们表面上看起来很迷人，但实质上却是执行的大敌。

迷信技术

先说说“迷信技术”这条美女蛇。

20 世纪 90 年代，摩托罗拉集团斥巨资建立了一个庞大的卫星通信系统，因为其卫星数量和元素铱一致，所以也被称为“铱星”。

铱星通信系统在几十年后的今天来看，仍是世界上技术最先进的卫星通信系统之一，远超目前使用的其他卫星通信系统。可以说，铱星是下一个时代的卫星通信系统。

众所周知，铱星上线没多久摩托罗拉就因为庞大的运营成本和惨淡的市场而被迫宣布停止运营。包括摩托罗拉在内的所有电信从业者都在问一个问题，技术先进的产品真的是好产品吗？

追求完美

说完迷信创新，再来看看“追求完美”这条美女蛇。

参加过高考的人都知道，如果水平并不差的话，在规定的时间里大家都可以做完题目。但是就有很多人语文没有答完，因为语文有一个作文题。

在短短的几十分钟里，如果要按照写论文的方式写作文，想好每个段落细节的写法，逐字推敲之后再下笔就已经来不及了。相信更多的人都是先阅读题目，有了一个大体的思路就提笔，一边写一边思考，这样才能在规定的时间完成考试。

高考让我们每个人在上大学之前就记住了，就执行而言，0.1 永远大于 0。有结果永远比没有结果要好，结果多永远比结果少要好。然而真正体会并记住这一点的人并不多！

完美是一个执行陷阱。

我们服务用户，永远做不到让用户百分之百满意，但是我们可以让他们更满意一点儿，然后努力、努力、再努力，做到让他们尽可能满意为止。我们经营公司，不可能一下子就成 500 强，但至少我们可以不让公司亏损，然后再努力做到“致富”。

可是如果有人说，我们不能让用户百分之百满意，所以干脆不做了；如果有人说，既然我们不能发大财，那么这点儿小利也不要赚了，结果又会怎样？

可能有人会说，乔布斯就追求完美，正是因为他追求完美才取得了巨大的成功，难道追求完美不对吗？

乔布斯在和员工讨论 iPod（苹果多媒体播放器）时，提出“我要只按三次键，就能找到一首歌”；在讨论 iPhone（苹果手机）时，提出“我需要尽量少的按键，最好只有一个”。这难道不是完美吗？

但正如前文介绍过的，苹果公司有个 631 定律，即苹果做一个项目，会鼓励 10 个项目组同时做，第一次淘汰 6 个，第二次淘汰 3 个，最后才聚焦一个开发。

这是不是行动第一？

为什么执行不力？因果逻辑和果因逻辑

执行的根本难题在哪？关键在于思维入口的差异，很多人不懂得执行与战略是两个逻辑，把战略与执行混在一起。

要知道，战略与执行是两种不同的思维方式，战略是因果逻辑，有因就有果，不能以成败论英雄。而执行是果因逻辑，有因未必有果，努力未必成功。

在九段秘书的案例中，从因果逻辑看，你的员工有问题吗？没有。的确，来不来确实是对方的事，他不能对销售总监的行为负责。这是很完美的解释吧？但按执行的果因关系来看，只要结果没有达到，员工的做法就有问题。

战略就是对因果关系的回答，或者说战略就是道理，理是规律，是因，道是选择，是果。道路可以选择，规律只能发现，这一因果关系构成了战略的本质内涵。

一个建筑师跟一只蜜蜂最大的差别，不在于谁做出的建筑更精致，而在于建筑工作开始之前建筑师的脑子里面是否有一个清楚的设计图。

战略思维的本质，是帮助我们对一个复杂现象做出简单而正确的判断，让我们可以很容易懂得这个结果是什么原因造成的。

或者更明白地说，战略思维是地图思维与罗盘思维。

战略是地图，是整体决定部分。战略要回答的第一个问题是：“这是什么。”一个人要知道自己出生在什么国家，一个企业要知道自己归属于什么行业，每个个体只有在整体中才能回答自己是谁。

战略是罗盘，方向锁定行动，有方向才有归属感。人为什么需要罗盘？因为人需要方向，有了方向，心里才能安定。

但执行的果因逻辑就不一样了，它是另一种思维方式。

执行的果因逻辑是说：有好报才会有好人。所以，只要是执行就只讲结果，不讲结果就没有好人，不讲结果就没有执行。因为只有做出结果才能分出高低，没有结果我们所有人岂不都是一样的？

按照这种思维，如何造就执行型人才呢？要给那些执行得好的人以报酬，给那些执行得不好的人以惩罚，这样才有可能获得执行型人才。

由此我们也可以看到，把战略与执行一味对立起来是不对的，或者说，一味强调执行，只讲果因逻辑，只要结果，不要原因，就成了强盗逻辑，特别是在强调创新性执行的时候。

反过来，一味强调战略，只讲因果逻辑，有因就一定有果，付出就一定要回报，就成了完全的理想主义。

战略讲对错，执行讲得失；战略讲方向，执行讲结果；战略讲未来，执行讲现在。长周期看未来重要，短时期看现在重要。真正的执行型人才，80% 讲现在，20% 讲未来；而战略型人才，20% 讲现在，80% 讲未来。

一个优秀的企业，应当是高层讲战略，基层讲执行，中层讲战略执行。

谁才是执行型人才

执行型人才的四个标准

用户价值

台塑创始人王永庆年轻时在米行做工，经常给附近的居民上门送米，和其他工人不同的是，他每次都会暗暗记下顾客家里米缸的容积和家中的人口，估算下一次送米的时间，在顾客快没有米的时候主动上门送米。

执行型人才的第一个标准叫用户价值，即执行的任何行动都是围绕用户价值进行的，用户价值是执行的底线，没有用户价值的行动，不能被称为执行。

结果导向

玄奘去西域取经，历经十余年艰苦求学、游历，但是他所有的行为只为一个目的，就是将经文带回东土大唐，在中国弘扬佛法。所以他在印度功成名就之后，最终还是带着佛经返回中国，用余生翻译佛经。

结果是执行的第二个标准，相信有无数人如玄奘一样有梦想，但只有玄奘去了印度，取回了佛经，这一结果奠定了玄奘的历史地位与价值，一句话，价值是靠结果来交换的！

信守承诺

很多人都崇拜李嘉诚的成就，他个人从贫贱学徒成为首富的奋斗历程更是励志的典范。在香港商人圈中，很早就流传着这样一个说法：只要和李嘉诚签署了合同，就不用担心合同执行的问题了。李嘉诚正是靠着这样的信誉在商界建立了长期发展的基础。

信守承诺是执行型人才的第三个标准，如果说前两个标准讲的是外在标准，信守承诺与永不言败讲的就是执行型人才的内在人格标准，信守承诺意味着建立起个人品牌，因而值得人们信任与合作。

永不言败

永不言败讲的是对过程的执着，这是执行型人才的第四个标准。据说爱迪生发明电灯时，试验几千次仍然没有成功，有人问，这么多次失败为什么不放弃，他回答，我没有看到失败，我看到的是，我已经成功地发现有几千种材料不合适。

这就是执行应有的心态，失败并不是结束，而是接近成功的一个里程碑。

在全球 500 强企业中，有人做过统计，近 20 年来，从美国西点军校毕业出来的董事长有 1 000 多名，副董事长有 2 000 多名，总经理或董事这一级别的也有 5 000 多名。

为什么不是商学院培养了企业领导人，而是西点军校呢？我们可以看一下西点军校对学生的要求——爱国、准时、守纪、严格、正直、刚毅。这些都是任何一家优秀企业对其领导者要求的底线。

执行型人才的四个标准，其实也是任何一家优秀企业对员工的要求底线，用户价值、结果导向、信守承诺、永不言败，永远都是把梦想变为现实的最为核心的要素。

如何获得执行型人才

用人要学刘皇叔

在如何获得执行人才这个问题上，我经常讲一个故事，这个故事的主角是三国时期的刘备。

在英雄辈出的三国时期，刘备就个人才能而言并不出众。可为什么最优秀的人才，比如一代名相诸葛亮，一代名将张飞、关羽、赵云等都投奔了刘备，且至死不渝？

答案是，刘备懂得如何寻找“卓越的执行型人才”。那么刘备是如何获得执行型人才的呢？他的方式其实并不复杂，那就是，想要获得执行型人才，就要先让自己成为执行人。

第一，用户价值。刘备深知自己的用户是百姓、是部属，于是，总强调自己的使命是“光复汉室”，在最艰难的时候不忍丢下跟随自己的百姓，总以亲民的姿态带队伍，于是获得了“人心”。可见，对待执行型人才，最大的用户价值就是“攻心为上”。

第二，结果导向。刘备知道自己的弱点，所以，到处寻找有才干的人才，结交有能力的英雄，目的就是未来要做一番大事业。他知道要想使“桃园三结义”的承诺得以持续，就要将心比心。他与张飞、关羽吃睡都在一起，获得了张飞和关羽的赤胆忠心。即便后来曹操用高官与赤兔马引诱，也没有让关羽产生一丝的动摇。

第三，信守承诺。刘、关、张“桃园三结义”是信守承诺的千古佳话。通过“结义”这种契约方式，刘备获得了事业的起点：两员武艺超群的武将。

第四，永不言败。刘备请出诸葛亮已经成为千古佳话。所有人都知道人才很重要，但是在怎样获得人才的道路上，刘备“三顾茅庐”给我们做出了一个执行的好榜样。试想，大雪天气在茅屋外等待是什么滋味？

执行型人才与学历无关

执行型人才与性格、心胸、知识、素质，甚至民族、种族都没有必然的联系，在他们身上，只有一点是共同的，那就是对自己深深的责任感。

也就是说，世界上所有的优秀人才，都有一个共同的特点：对自己负责任——这就是执行型人才的特点。这就意味着，如果你想得到一个有执行才能的人，首要的因素就是“看他是不是对自己真正负责”。

以上四个特点，再加上有责任感，就能成就有执行力的人才。同样，什么样的人不是执行型人才呢？聪明人大多不是执行型人才，因为他们一生都在寻求更好的解决方案，而很少能像“阿甘”那样把一件事做到底。

为什么“阿甘”那样智商不高的人，打乒乓球打成了冠军，跑步跑成了冠军，每做一样事都做到了顶级。他靠的是什么？

靠的就是执着。

聪明人做事最缺乏的就是执着。一方面聪明人因为聪明，总是在找捷径，他们把很多时间花在路途或找捷径上，没有一件事情能做到底。另一方面，聪明人往往在社会上受宠，所以一旦碰到困难或反对，就不会像“执着”的人那样坚持，而是选择逃避。

反过来，什么样的人不是执行型人才？

三种人：有小聪明的人，追求完美的人，思考过度的人。（1）有小聪明的人永远在找捷径，不会认真执行。（2）追求完美的人往往把事越做越复杂，结果一定是放弃。（3）思考过度的人不屑于行动，他们一生都在思考如何爬山，但就是不爬山。

结论：要执行，学阿甘。

第 4 章

执行的 48 字真经

有这么一个故事，讲的是在一个周边美景如画的房间的墙上装有三面镜子，第一面镜子表面凹凸不平，且有污点，看起来很脏；第二面镜子洁净精巧，并装有雕刻图案精美的镜框；第三面镜子既没有镜框也没有装饰，只是一面洁净明亮的镜子。

当面对第一面镜子时，我们看到了什么？回答是："一面不干净的镜子。"

第二面镜子呢？回答是："一面美丽的镜子。"

第三面镜子呢？回答是："一片美丽的景色。"

我觉得这个故事讲出了执行的真谛：真正的执行就应该如这第三面镜子——人们看到的是结果：**从镜子中看到的是美丽的景色，而不是以表现自己（雕刻图案精美的镜框）作为镜了的特色。**

执行的难度也在这儿，在所有的组织活动中，人的本性始终绕不过一个永恒的坎儿：以自我为中心。因为每个人都试图在照出美丽景色的同时告诉别人，"这是我照出的，而不是别人照出的"。

可一旦"以自我为中心"，用户价值，或者说结果就可能会被放置到第二位或第三位了。

执行的 48 字真经：
把简单的道理执行透

十多年前我在摩托罗拉工作，当年的摩托何等威风，但不久便被诺基亚拉下马。诺基亚威风了好一阵，但不久被苹果远远抛在后面。

德鲁克说，首席执行官最大的错误，是把内部管理当成最主要的工作，首席执行官真正的战场是用户，不是管理。

大部分公司的执行之所以失败，在于忘记了公司管理的目的是用户，管理是为用户而存在的，要眼睛向外，但很多公司把重点放在内部的相互折腾上。

第一，公司层面、部门层面，以及员工层面都以自我为中心，忘记了真正给我们发工资的并不是公司，而是用户。

第二，分不清战略与执行的区别，在执行的时候，过多考虑非执行层面的问题。比如，已经在执行了，还在想是不是应当做。在执行层面，一旦定下来，哪怕是错的，也要做到底。

执行的逻辑其实很简单，所有的执行只做一件事，那就是用户价值，凡是把事情搞复杂的，注定不可执行。

下面是我总结的执行 48 字真经。

执行的 8 字方针：认真第一，聪明第二。

执行的 16 字原则：结果提前，自我退后；锁定目标，专注重复。

执行的 24 字战略：决心第一，成败第二；速度第一，完美第二；结果第一，理由第二。

48 字真经是什么意思？

首先，执行作为一种制度和文化，最基本的内核是什么？8 个字：认真第一，聪明第二。

这 8 个字强调的显然不是个人的“聪明”和“才智”，而是制度和认真。这意味着，大凡有执行能力的公司，文化必定是单一的；而大凡平庸的公司，却有各色各样的“上司文化”“部门文化”。

其次，执行的原则问题是 16 个字：结果提前，自我退后；锁定目标，专注重复。

在执行的时候，要将用户利益和公司利益放在第一位，将“自我”隐藏在程序与流程之后，围绕目标培养员工的职业化精神，由此才能保证执行的效果。

最后是执行过程中需要把握的三个要点。

在开始执行前，需要把握的要点是决心第一，成败第二。对已经决定的任何事，信心是第一位的，要将对风险的估计放在决策前，一旦决定了，讨论成败就是借口。

在执行的过程中，需要把握的要点是速度第一，完美第二。我们在执行中常常有这种现象，曾经为得不到 100 而放弃，结果却是 0，若干成功经验和挫折告诉我们：0.1 ＞ 0！

在执行结束之后，需要把握的要点是结果第一，理由第二。责任是通过对行动结果的奖罚建立起来的。在大多数情况下，要建立一种对事不对人的执行文化，重要的不是去讨论失败的理由，而是针对结果建立起责任与权利对称的机制。

执行陷阱：

中国企业成长最大的陷阱是什么？

在中国，爱好足球的人，内心深处一定都有一个大问号，中国人有近 14 亿人口，这球怎么就踢不好呢？

韩国才多大？才有多少人？可是中国足球总是逢韩国必输。过去我们总在想，可能是因为我们穷，没钱养球队，因此没有好球员。可现在有钱了还是不行，总不能再说是钱的问题了吧？

让我们欣慰的一点是，2002 年中国进了一次世界杯，总算让喜爱中国足球的人感到一丝欣慰。由此，我们也就万分好奇地想搞清一个问题：这个洋教练米卢到底有什么高招，能够把中国队送进世界杯？

米卢是个喜欢挑战的人，在担任秘鲁国家队主教练之后不久，足球弱国哥斯达黎加足协盛情邀请他出任国家队主教练，虽然收入不高，但米卢义无反顾地接受了哥斯达黎加主教练这副重担。

1989 年 10 月起，米卢走马上任，率领这支由业余球员组成的弱旅首次打入世界杯决赛圈。

1990 年 6 月，在意大利世界杯比赛中，米卢率哥斯达黎加队击败瑞典和苏格兰等欧洲强队，一举打入 16 强。7 个多月的时间，米卢就创造了奇迹般的成绩。从此，米卢声名鹊起，获得了传奇教练的美名。

当中国队在屡屡冲击世界杯受挫，且聘请了施拉普纳和霍顿两位洋教练也没能成功的情况下，中国足协下定决心，高薪签约米卢，立志夺取 2002 年世界杯决赛出线权。

2000 年 2 月，“米卢号”正式启航。

大家都很关心洋教练米卢到底有什么高招，在各种采访中，米卢给中国足球留下的经验可以归结为以下两点。

一是快乐足球。什么叫快乐足球？就是说我们踢球的时候，首先要踢出快乐，如果踢足球的人不能从足球本身获得快乐，他们就要到足球场之外去寻找快乐。

二是网式足球，就是把足球放到排球场踢。为什么要这样踢？有例为证。肇俊哲是世界杯上唯一把球差点儿送进对方球门的中国队员，当年国家队在红塔基地的第一堂训练课，米卢将肇俊哲叫到跟前，与肇俊哲展开一场网式足球的较量。

这根本就不是一场较量。初次见此“世面”的小肇简直就像一个不会踢球的中学生，不仅行动略显迟缓，一向灵光的腿也不听使唤了，不是离谱地将球踢出底线老远，就是回球太轻下了网。

中国足球队的一位元老对此的总结是：“网式足球要求耐心第一。虽然米卢在队内还是‘超一流’的水平，但大家玩儿的时间越长，超过他的可能性越大。”

在世界杯结束后，参加了世界杯的元老们回忆说：“十强赛期间，米卢一刻不停地在队中推行网式足球，现在看来是有深意的。十强赛长达两个月，一支球队不但得有实力，耐心也是必不可少的。国家队提前出线后，我们全队都还保持着相对平静的心态，其中也许就有网式足球的一份功劳呢。”

而米卢自己怎么说？他说，我目前所有的训练只有一个目的——教会队员如何在有球与无球的情况下，正确选择自己的行动，这需要“专注”，这才是最重要的训练。

中国人向来被其他国家的人评价为聪明，可是聪明的我们为什么踢不好足球呢？

职业联赛开始之初，大家还在球场上比高低，所以，我们也迎来中国足球的春天。但好景不长，踢着踢着，有些足球队员的聪明才智就出来了：有些人不靠辛苦练习提升球技，反而在想一些旁门左道。

长此以往，就会导致球技与职业精神这朵最需要培育的花蕾凋谢。

中国企业的兴盛与衰落又何尝不是如此？

执行的 8 字方针

认真第一，聪明第二

“认真”是什么？

“真、善、美”是人类最基本的价值观，真是科学，善是宗教，美是艺术！

严格来说，执行中对“真”的定义，讲的就是科学层面，即要以“科学”为最基本的做事准则。一般而言，科学有三个层次。

物质层次：讲的是事实和数据，没有事实和数据的认真就无法判断其（认知）价值，无法对其结果进行衡量，更无法进行价值交换。

制度和流程层次：是科学的体现，更是科学的载体。比如道路为何这样修？背后必定有其科学原理，而这些原理一定是通过合理有序的营造流程体现出来的。

价值层次：讲的是一种科学的态度，即一切以客观的标准，即用户价值为追求。

科学的三大层次阐明了认真的本质：第一，要以事实和数据为基础；第二，要讲究科学的制度和流程；第三，要有客观的态度。

中国人踢足球的天资并没有问题，要论个人素质和天资，不是也有中国运动员在欧洲赛场上当主力的吗？

可为什么在中国就踢不好呢？一定程度上就是因为“耍小聪明”的球队文化，有些人想表现自己，想少付出多获取，结果就是整个团队没有战斗力！

米卢给中国足球界讲了一个非常简单的道理：球踢不好，是有些人在“耍小聪明”。缺乏认真和专注，这才是中国足球最大的问题。

米卢在中国足球队的训练场上，旗帜鲜明地提出一个口号，就是一句著名的话：“态度决定一切。”

不是你的水平，不是你的专业技术，而是态度决定一切！米卢用这句话告诉我们，中国足球队核心的问题是不够认真。

不认真与太过聪明是一个问题的两面。我不知道别人对中国人十分聪明这件事怎么想，反正我觉得这未必是件好事。聪明人一生都在想办法，想着如何找到更好的办法超过对手，而不是通过认真做事超过对手。

在某些“小聪明”的环境中，认真就成了傻！所以，队员往往忽略了最重要的是要认真练习提升球技。

我们所谓的黑色三分钟是水平问题吗？主要还是认真问题。

遗憾的是，这种小聪明的游戏不仅发生在足球界，无数行业也在上演着类似的故事。

如果我们不改造这种“聪明”思想，每个人都想玩儿小“聪明”，总想走捷径，那么，我可以负责地预测，中国企业可以造出好产品，但很难造出世界级的产品；中国企业能够成为好企业，但很难成为世界级的企业。

为什么？道理很简单，世界级的产品需要做到极致，而极致背后是一种认真的精神。**要想达到世界级的产品质量，需要几十年如一日地做到一丝不苟。要想成为世界级企业，需要我们为了一个目标矢志不渝。**

事实上，我们已经看到不少名牌，在创品牌的时候质量一流，但几年之后就大不如前了。

是技术问题吗？不，恐怕更多的是认真问题。在我看来，中国企业执行问题的核心是文化问题，而文化问题的核心是认真问题，在中国做企业，“怕就怕认真二字”！

要小聪明的结果是把大智慧丢掉了。执行只与勤奋有关，与责任有关，与用心有关，而与聪明无关。

所以，我建议那些有志于塑造世界一流执行力的中国企业，要在执行文化中明确地提出一个口号：“认真第一，聪明第二。”我们要明确一点：一件事情要想真正做好，支撑你的不是利益，而是内心的一种责任感，一种对待事情是否认真的信念。

认真的精髓在于认准一个“真”字，认真是科学精神的表现。所谓科学精神，就是为了探索一件事情的真相，愿意充分调查事实数据，深入事实数据的背后寻找答案。

认真第一，聪明第二，是从根本上要求我们拥抱商业文明中的科学精神，认真一点儿，还是聪明一点儿，关系一个企业的组织生态和商业成果，聪明不息，注定折腾不止；认真到底，必会硕果不断。

执行的 16 字原则

结果提前，自我退后

德鲁克说过：“组织内是不创造结果的，结果都存在于组织之外。只有当用户愿意以他的购买力来交换企业的产品或服务时，企业成本以及企业的努力才转化为收入和利润，因此，企业的‘有效产出’

是因用户的需要而产生的，而用户是根据市场的供求关系来做出决策的。”

我曾经在很多培训或咨询项目中，请用户和我一起做下面这个练习。

我请一个员工描述他看到的这个图形，然后让大家根据他的描述，把图形画出来。

一般我会请不同部门的人来做这个练习。结果发现，一些技术出身的人，会用一套非常专业的技术语言来描述。比如一个单位圆，这个单位圆跟正方形相切，然后跟另外一个正方形的邻角相交。练习的最后我往往会请文化水平不高的员工来描述。

结果是，当技术人员描述的时候，技术部门的人都能画出来，但其他部门的人大都画不出来。而一个文化水平不高的员工一讲，大家都能画出来了。

为什么一个教授级的高级工程师对大家描述时大家画不出来，而一个识字不多的清洁工一讲，大家都画出来了。结论是，当技术水平高的员工描述时，他大多会采用技术语言；而当一个文化水平不高的普通员工描述时，他没有什么技术语言，所以只能用大白话，大白话大家都懂。

问题是我们的目的是什么？是要大家把图形画出来啊！这种现象十分值得我们品味。为什么拿了博士学位的人，拿了硕士学位的人，本事越大，专业知识越多，他们往往就越自我呢？

原因在于，如果教授级高工也用清洁工的语言，他不就与普通员工一样了吗？自我跑到前台，就会把用户价值推到后面。为什么财务部门的人常常用很专业的财务术语说话；为什么研发部门的人往往热衷于做他们心目中完美的产品，而不管这个产品是不是有市场，原因都在于此。

由此我们可以知道，结果不是被某人主观定义的，而是被用户定义的。不管是领导定义的，还是自己定义的，凡是不符合用户价值的，都不符合真正的结果的定义。

以前我们关注的是制造业，现在中国已经逐步走向三产化，走向服务业。所以提供有价值的结果时，更要重视用户对这种价值的认知。打个比方，以前我们卖的是玩具，现在我们卖的是孩子的欢笑，欢笑不可衡量，却可以从用户认知中获得其应有的价值。

诺基亚无疑是一家优秀的公司，曾经诺基亚在手机市场占据了绝对的市场优势，但由于产品导向的企业文化，诺基亚没能抓住从产品层面竞争转变为生态系统竞争的市场潮流，因而付出了沉重的代价。

诺基亚早在 1998 年就设计了塞班（Symbian）开放操作系统，并鼓励软件开发者基于这一操作平台设计应用软件。诺基亚长久以来一直认为，给手机装上软件能够极大地提升其核心产品的价值。

但是，诺基亚最大的问题在于：以塞班系统为平台的应用软件并不排斥盗版，开发者也不能因此从诺基亚的平台得到好处，开发者没有好处，那使用者如何从中得到好处？

相反，iPhone 的 App Store（应用程序商店）是一个为开发者提供市场渠道的平台，成功的开发者可以获得巨大收益，从而让手机用户获得极大的价值，苹果迅速取代了诺基亚的领导者地位。

从诺基亚的失败到苹果的兴盛，说明了一个基本的道理：在市场竞争的意义上，以人为本指的是以别人（消费者）为本，而不是以自己为本。要获得用户价值，就要“结果提前，自我退后”，或者“必须抛弃以自我为中心，而以结果为中心”。只有这样，我们每个人所做的东西才能体现用户的价值，而不是体现自我的价值。

而所有这一切，都在说明一个重要的执行原则：结果提前，自我退后。

锁定目标，专注重复

德鲁克说：“聚焦专注，重要的事情先做，一次只做一件事。”优秀公司懂得人的精力是有限的，人的缺点也是难以克服的。

优秀公司一般都是专业化的公司，领导者最重要的工作不是选择，而是放弃，一段时间专注做好一件事。

反过来，平庸公司什么业务都想做，领导者什么都想管，结果什么都做不好。

当年法国的大文豪莫泊桑刚开始学写小说的时候，他的老师对他讲，你不要跟我学什么技巧，你到大街上去坐着，然后你看着驾马车的车夫，专门盯住一个。如果你能把这个马车车夫描述得和其他马车车夫不一样，你的写作就过关了。

我曾经在电视上看过一个节目，有个很有名的说书人，当有人问他，为什么他的眼睛特别亮时，他回答说，每天晚上在黑暗中点一炷香，然后盯着这炷香看半小时，几年下来眼睛自然就有神了。

一位著名的推销大师在告别他的推销生涯时，应行业协会的邀请来讲他的成功史。

那天的会场座无虚席，人们在热切地、焦急地等待着那位当代最伟大的推销员做精彩的演讲。当大幕徐徐拉开，舞台的正中央吊着一个巨大的铁球，为了这个铁球，台上搭起了高大的铁架。

在人们热烈的掌声中，这位著名的推销员出场了，他已经年近60，胡子花白，穿着一身红色的运动服，脚下是一双白色胶鞋，站在铁架的一边。人们惊奇地望着他，不知道他要做出什么举动。

这时两位工作人员抬着一个大铁锤放在老者的面前。主持人对观众讲:“请两位身体强壮的人到台上来。”好多年轻人站起来，转眼间已有两名动作快的跑到台上。

这位老人请他们用这个大铁锤，去敲打那个吊着的铁球，直到把它荡起来。一个年轻人抢着拿起铁锤，拉开架势，抡起大锤，全力向那吊着的铁球砸去，一声震耳的响声，那吊球动也没动。他就用大铁锤接二连三地砸向吊球，很快他就气喘吁吁了。另一个人也不示弱，接过大铁锤把吊球打得叮当响，可是铁球仍旧一动不动。

台下逐渐没了呐喊声，观众好像认定那是没用的，就等着老人做出解释。

会场恢复了平静，老人从上衣口袋里掏出一个小锤，然后认真地对着那个巨大的铁球，他用小锤对着铁球"咚"敲了一下，然后停顿一下，再一次用小锤"咚"敲了一下。人们奇怪地看着，老人就这样"咚"地敲一下，然后停顿一下。

10 分钟过去了，20 分钟过去了，会场开始骚动，有的人干脆叫骂起来，人们用各种声音和动作发泄他们的不满。老人仍然一小锤一停地工作着，他好像根本没有听见人们在喊叫什么。人们开始愤然离去，会场的观众席上出现了大块空缺。留下来的人好像也喊累了，会场渐渐安静下来。

大概在老人进行到 40 分钟的时候，坐在前面的一个女人突然尖叫一声："球动了！"刹那间会场鸦雀无声，人们聚精会神地看着那个铁球。那球以很小的幅度动起来，不仔细看很难察觉。

老人仍旧一小锤、一小锤地敲着，人们好像都听到了那小锤敲打吊球的声响。吊球在老人一小锤一小锤的敲打中越荡越高，它拉动那个铁架子“哐、哐”作响，它的巨大威力强烈地震撼着在场的每个人。终于场上爆发出一阵阵热烈的掌声，在掌声中，老人转过身来，慢慢地把那把小锤揣进兜里……

莫泊桑成为一代文豪；有名的说书人眼睛特别亮；年轻人用大铁锤敲不动铁球，而老销售员用小锤就能敲动铁球，这些奇迹在我们常人看来非常了不起。

创造奇迹的原因非常简单，就是锁定目标之后，专注地一遍又一遍、重复再重复。

为什么伟大的成就往往是用如此简单的方式产生的？这种因果关系说明了什么？一个人成就的大小与三个因素有关：一是选择，二是单位投入，三是时间投入。

我们都知道人的精力和能力都是有限的，这意味着一个人在一件事情上投入精力和才能，就会影响在另一件事上能投入的精力和才能，几件事情同时做，就会摊薄在其中一件事情上的产出。

锁定目标是说集精力和能力于一件事情上，这意味着选择的确定，也意味着单位投入的扩大。专注重复是说在确定了的事情上投入足够的时间。

我们用表 4–1 做一下解释。

表 4–1　复利效应　　（单位：元）

复合增长率	9%	15%	30%
第一年	109	115	130
第二年	118.81	132.25	169

（续表）

第三年	129.502 9	152.087 5	219.7
第四年	141.158 161	174.900 625	285.61
第五年	153.862 395 5	201.135 718 8	371.293
第六年	167.710 011 1	231.306 076 6	482.680 9
第七年	182.803 912 1	266.001 988	627.485 17
第八年	199.256 264 2	305.902 286 3	815.730 721
第九年	217.189 327 9	351.787 629 2	1 060.449 937
第十年	236.736 367 5	404.555 773 6	1 378.584 918

上表中复合增长率的确定代表目标的锁定，复合增长率的大小代表目标的专注程度，复合增长率越高，代表对一件事情的单位投入越大，年限的长短代表重复投入的程度，年限越长，对这件事情的重复投入越大。

从表中可以看到，同样是 100 元，三种不同的复合增长率，突破 200 元的时间分别为 9 年、5 年和 3 年。另一种视角，以 10 年计算，第二种算法是第一种的近一倍，第三种算法是第一种的近 6 倍。

这张表阐述了成功的道理，锁定目标后，简单的事情重复做，就会产生累积性的复利效应，目标越坚定，投入越专注，重复次数越多，复利越大，这就是执行的力量！

锁定目标，专注重复的意思是说，我们之所以做得更好，不是因为我们比别人聪明，而是比别人更用功，比别人更专注于一点。

张瑞敏曾经讲过："什么是不简单？能够把简单的事千百遍都做

对，就是不简单。什么是不容易？把大家公认的非常容易的事情认真做好，就是不容易。”

执行的真谛就在于此，把简单的事情重复做就很不简单，能够锁定目标，不断重复一件事，用一生去做一件事，就是执行。

所以，“结果提前，自我退后；锁定目标，专注重复”这 16 个字，不仅道出了成功的道理，而且告诫我们，有些人之所以会失败，很可能就是因为他们忽视了那些最简单的道理。

执行的 24 字战略

决心第一，成败第二；速度第一，完美第二；结果第一，理由第二。

所谓战略，回答的就是什么是重点，什么是必须放弃的。没有放弃，就没有重点。没有重点也就没有战略。

那么什么是执行中最重要的，什么又是执行中必须放弃的？我们需要从流程上把握执行。

在执行前，什么最重要？决心最重要！必须放弃什么？必须放弃对成败的计较。所以，执行前的战略是：决心第一，成败第二。

在执行中，什么最重要？速度最重要！必须放弃什么？必须放弃完美。所以，执行进行中的战略是：速度第一，完美第二。

在执行后，什么最重要？结果最重要！必须放弃什么？必须放弃理由。所以，执行结束后的战略是：结果第一，理由第二。

决心第一，成败第二

一旦决定，就不要没完没了地讨论，不要花时间去考虑能不能成功，而是要坚决执行，即使失败也要执行。

执行的关键是建立必胜的信念和决心。

做任何事情都包括两个环节，一个是决策，一个是执行。两个环节有着截然不同的做事逻辑。

执行前什么最重要？现代管理学大师德鲁克告诉我们——个人见解最重要！人要有自己的见解和主张！

德鲁克说："决策的过程是先从当事人的见解开始的。所谓见解，乃是'尚待证实的假设'；见解不能获得证实，就毫无价值可言。但要确定什么才是事实，必须先确定相关的标准，尤其是有关的衡量标准。"

那么，如何确定决策的标准，即何谓正确？这就涉及我们的价值观，即对人性、对公理的假设。我想每个人都有自己的标准，但自由、平等、公正的价值观是适用于一切事物的衡量标准。

决策环节在方法论上讲究全面、比较、反复，强调全面参与，比较对立意见，反复讨论和确认，从过程的酝酿到成熟的方案，往往要经历较长时间，目的是尽量确保执行的正确性和准确度。

执行环节则有完全不同的要求，在决策确定以后，决心第一，即使决策不完美，也要坚决执行。

这就像上市公司做会计处理时的情况，有时企业亏损了会做一次性计提，而不是把亏损逐年摊掉，这除了财务方面的考虑以外，实际上还有心理成本方面的考虑。试想一个总经理一上任就背着前任的亏损包袱，他的心里是不太自在的，这等于前任造成的亏损结果他要继续承担，这时只有和过去一刀两断，他才能轻装上阵，承担起自己任内的经营责任。

决策以后不预期、不讨论成败问题，实际上是说决策环节的心理成本已经发生过一次，在执行的时候再讨论成败等于产生了重复成本，这对团队的士气是极大的伤害。正如中国有句古话说："一鼓作气，再而衰，三而竭。"它是说气可鼓不可泄，执行过程应如行云流水，一气呵成，来不得半点儿犹豫和反复。

决心原理：如果不想做事的话，任何人都可以找N个不做的理由。这时只有一样东西能起作用，那就是你有没有决心！

"决心第一，成败第二"——先有见解（观点），后有事实。

凡在某一领域有经验者，都应该有他的见解；而且人总是从自己的观点开始，所以要求别人从搜集事实开始是不符合实际的。其结果是，他所搜集的事实必以他自己既有的结论为根据，他既然先有了结论，必能搜集到许多事实。

邓小平对中国社会20多年的改革，遵循的是非常典型的执行理论。

我认为邓小平的执行理论，是中国企业执行理论的一笔宝贵财富。

我们可以回想一下 20 世纪 70 年代末，整个中国沉浸在迷茫之中，所有人都在问：中国的未来在哪里？

那时候邓小平站了出来，他没有讲太多的理论，他只提醒国人关注一个非常残酷的现实：落后就要挨打！中国当时很落后，而落后就要挨打，中国近代一百多年的屈辱史，就是中国的落后史。

在落后就要挨打的现实面前，我们只有一条路可走，那就是强国。

在落后就要挨打的现实面前，我们没有资格讨论成败，我们唯一需要的就是决心。全国人民都需要在一条底线面前团结起来，那就是重新点燃我们的强国梦。

由此，中国的国歌恢复为《义勇军进行曲》，所有中国人重新唱起民族的最强音："中华民族到了最危险的时候，每个人被迫着发出最后的吼声……我们万众一心，冒着敌人的炮火，前进！前进！前进！进！"

这就是邓小平的执行战略。他使用的方法是唤起我们的决心与斗志。当落后就要挨打，当中华民族到了最危急的时候，我们还要讨论成败得失吗？邓小平的执行战略非常清楚：这种时候什么最重要？决心。如果我们连决心都没有，就什么都没有了！

既然已经决定要这么做了，就不要去想这个事情是不是合理，而是要建立必胜的信念和决心。这就是执行前的"决心原理"——如果不想做事的话，任何人都可以找一千个、一万个理由不做它，这时只有一件事可以起作用，就是你想不想做。

有了决心，才会有行动。天上不会掉馅饼，成功只眷顾领先一步采取行动的公司，只眷顾领先一步采取行动的人！

IBM（国际商业机器公司），就是一个永远都领先一步采取行动的公司。

美国经济大萧条时期，当其他公司都在裁员或降薪以对抗经济衰退时，IBM 的创始人老沃森却偏执地提出，对机器的投入可能会受到市场的影响，但对员工的投入可以创造市场的奇迹。

当 IBM 上下满足于制表机和考勤钟的市场兴盛时，它的统帅沃森却做出一个令业界震惊的决定：IBM 决定进军大型计算机。当时大家都以为 IBM 疯了。结果 IBM 投资了 50 亿美金开发大型计算机，超过美国原子弹的研发投入。

当代最伟大的推销员乔伊·古拉德，是领先一步采取行动获得成功的另一个榜样。

乔伊·古拉德在《吉尼斯世界纪录大全》中，被列为当代最伟大的推销员。他在一年之内创造出推销 1 425 辆汽车的世界纪录，直到今天，还没有人能打破这个纪录。

但这位世界第一的推销员是如何说明自己的成功的呢？

“建立你的决心！不能再有‘以后再做’这样的事发生，因为根本没有明天再做这回事。今天不是决定你明天做什么，而是决定你明天成为什么。不要错过今天，将一星期前，一个月前，一年前的害怕、怯懦、毁灭信心的思想从你的心中除去，只有今天充满信心、永远摒弃害怕，你才能充满信心地行动！这就是支撑我每天走向成功的秘密。”

“决心产生信心”，乔伊·古拉德从一张灰尘厚积的桌子和一个电话本开始，在两个月之内做出超过所有推销员的业绩。一年之内，他的汽车销售业绩从 0 达到 1 425 辆，成为世界上最伟大的汽车推销员。

速度第一，完美第二

回顾过去几十年，世界上、市场上，以及工作和生活中发生的不确定性事件，无一不超出人们的预期。我们会感到吃惊、困惑、震惊、眩晕、欣喜或恐慌，但对于这些事件的发生，我们却鲜有先见之明。没有人能够准确预测我们生命中所要经历的波折。

生命充满了不确定性，而未来充满了未知性，这个世界处于不稳定状态。套用一句俗语：计划赶不上变化！

人们已经无法预知事物的变化，因此“先开枪后瞄准”——在开枪的过程中校准目标、找对目标，在执行的过程中不断改进，是速度战略的精髓。

速度原理：0.1 > 0，过分追求 1 的结果往往是 0，速度比完美重要；过于追求完美的结果往往是 0 < 0.1，而速度第一的结果是，很多 0.1 的积累就会实现 1 的突破。

日本丰田公司丰田模式的 10 条方法论中，有这么一条：“马上行动，不追求完美，60 分就可以。”就是对速度原理的最好诠释。

而对细节的完美追求可以在速度的前提下，在事物的发展过程中通过不断的改善得以实现。

在日本丰田公司的管理体系中，有一个核心环节几乎成为丰田制造的决定性因素，这个环节就是改善，丰田称其为“改善魂”！

丰田的改善精神是一种对待错误和问题的态度——完美主义。在生产经营的过程中，不断自我反省，从成功和失败中寻找问题、发现问题，视问题和错误为宝贵财富和机遇，在发展中不断完善自我。

丰田有句话叫“问题第一”，即使做得很成功的项目，丰田人也会不断思考如何改进以便做得更好。这也就不难理解为什么丰田管理模式难以学习与复制，因为丰田模式不仅仅是一套管理技术，更是一种看待问题的价值观与方法论。

所以，中国公司要在大环境上讲速度，在细节上讲改善。

做—修改—做—完善，在做中思考，在做中完善，发展中的问题要通过发展来解决，这才是中国公司的成长逻辑。

记得当年我进摩托罗拉面试时老板问我，你过去做过很长时间的学术研究，在北大读完博士，出过很多书，又做过宏观经济研究，你能不能回答一个问题：学者跟商人有什么不一样？

我当时的回答老板非常满意。我是怎么回答的？

我说，做学问是在一个很大的范围中做调查，却得出一个很小的结论。做商业恰好相反，是在一个很小的范围中做调查，却要得出很多或很大的结论。

比如我在摩托罗拉负责调查手机用户增长率的时候，委托的研究公司只调查 1 200 个用户，就代表全中国了。

这就是做生意。做生意不是做逻辑推导，不是把所有东西搞正确后再干，而是差不多了就行动。在执行过程中，最重要的是速度。速度逻辑包含的两层意思是：行动先于结果（让一部分人先富起来），行动修正结果（发展中的问题要通过发展来解决）。

王石做过一个网络测验，有趣地诠释了速度逻辑。

王石曾在微博上贴出一张图片，上面是一个梨和一个苹果，他向粉丝提问："二选一，其中一个中大奖。"结果引来粉丝一片议论……总之，选择梨的，给出选梨的理由，选择苹果的，给出选苹果的理由。

王石最后这样回复："选梨还是选苹果，就像硬币的两面，带有赌的意思。回答此帖我数了选梨和选苹果的比例为 15∶13，更多的选择会无限接近 5∶5，概率如此。人生面临选择，在二者择其一时颇费思量。其实，任何选择都带有偶然和不确定性。问题不在于如何选择，而在于快速选择。"

为什么必须快速选择，为什么不是完美选择？

这是因为世界本来就不是一个完美的世界，而相对于世界提供的选择信息，人的大脑也不是一个完美的大脑。世界向人类提供的信息纷繁复杂，你甚至无法思考周末去哪家餐馆吃饭更好，世界向人类提供的信息流变不息，你永远也不能两次踏进同一条河流。

正如索罗斯的理解："我会犯错。"人对世界的认识能力充满了缺陷，人对世界的认知充满了无知、臆断、偏见甚至失灵。

世界是不可知的，人的理性是有限的，选择对于人类来说在哲学上永远没有完美的答案。因此，面对最复杂的商业世界，我们探索它的方式从思考翻转为实践。速度逻辑本质上是一种实践，速度第一的背后是基于机会成本的选择，因为机不可失，失不再来，所以宁可试错，也不要错失。迈向完美的每一步都是完美的，因为面对一个不确定的世界，速度第一为我们节约了宝贵的时间成本，让我们获得了高效的知识累积的和做事方式的训练。

在我们的脑子中，做事情应当是"先瞄准，后开枪"，所谓"谋定而后动"，但在信息时代，每家企业必须回答：在同样的情况下，我的反应能力比竞争对手快还是慢？

竞争就像滑水，如果想站稳，你就要有足够的速度！比如微软，它的哪个产品是完美的？但它的速度是最快的。比如英特尔，它的产品也未必完美，但它创造出著名的摩尔定律：每 18 ~ 24 个月，集成电路上可容纳的元器件数目会增加一倍，性能也将提升一倍！

不要为了过分追求品质与员工共识，而牺牲决策与行动的速度，这样就会在网络经济中失去先机，会处处被动。

速度逻辑的背后，包含的就是这种"实践出真知"的道理：发展中的问题要通过发展来解决。

结果第一，理由第二

事情都做完了，你有一千、一万个理由都不重要，重要的是这个事情的结果是什么。因为我们是靠结果生存的。

执行的关键在于做出种种不利假设，假设对方失误怎么办，假设自己疏忽怎么办，然后在最不理想的情况下找到解决的办法。

伟大的公司为什么不会死？不完全是因为它们总是方向正确，而是它们即使在方向错的情况下，也在奋力拼搏。这种时候，失败的只是方向，作为人本身，作为团队并没有错。

商业结果的达成是一场认知游戏，用户说你行你就行，说你不行你就不行。这就像谈恋爱，没有标准的客观尺度，喜欢就是喜欢，不喜欢就是不喜欢，不需要理由。爱情来了，就会情人眼里出西施，旁人说是东施也没用；爱情走了，美女帅哥都化作了枯骨。用户偏好也是这样，不以生产者的意志为转移。

既然结果只与用户偏好有关，理由就没有意义，因为理由只是你的认知，而不是用户的认知，一万个理由也改变不了一个结果。商业结果必然是满足用户偏好的游戏，得用户偏好者得天下。

结果原理：我们是靠结果生存的，我们不可能靠理由生存，没有结果，我们就不能生存，这是硬道理。

结果战略反应的是一种业绩文化，即在执行中对用户标准、用户体验、用户偏好的执着追求，背后强调的是在商业活动中对用户价值的尊重和推崇！

在十一届三中全会确立了以经济建设为中心之后，中国发展的重点是有了，但改革的阻力是“大锅饭”和“平均主义”。这时候，邓小平提出的执行思想是：让一部分人先富起来！

我们现在听这句话觉得很平常，无所谓，但在当年这可是一个非常大的突破。为什么呢？让一部分人先富起来的对立面是什么？就是另一部分人没富起来。社会主义的使命是让我们共同富裕，可是现在有人告诉我们，要让一部分人先富起来，不但要让他们先富起来，还要给他们戴大红花！

但就是这样一个突破，带来了改革开放的第一轮发展高潮，一大批万元户诞生了。

这就是执行的结果战略：一旦执行开始，结果就是第一位的，理由是第二位的。

战略就是要有重点，要抓住主要矛盾，要懂得放弃。既然当时的主要障碍是“大锅饭”，是“平均主义”，那么改革的重点就是打破“平均主义”，让一部分人先富起来！

问题是，速度带来问题怎么办？比如在改革开放中富起来的个别人，并不是我们所想的劳动致富，他们是靠走私、行贿或挖国家墙脚富起来的。更严重的是，这些人富起来之后，可能会改变我们的社会风气。

问题终归是问题，怎么办？邓小平进一步指出：发展中的问题要通过发展来解决！这句话讲得非常好，朴实无华，却一针见血。

中国的改革一直都是在争论中进行的，每隔一段时间，就会有各种否定改革方向的潮流涌出。20 世纪 80 年代，针对不少人用社会公平来否定改革方向的做法，邓小平提出一个著名的“猫论”：不管黑猫白猫，捉住老鼠就是好猫。

之后，邓小平在南方谈话中，向全世界表明了他对中国改革的“硬道理”思想：发展就是硬道理。

我觉得邓小平的“猫论”与“硬道理论”，针对的都是执行结束后的问题：如何评价每个人的成绩？邓小平的答案是：结果第一，理由第二，执行的本质就在于抓住结果，实现预期结果，没有结果一切都不存在。

事情都做完了，有一千个、一万个理由都不重要，重要的是这个事情的结果是什么，因为我们是靠结果生存的。邓小平在这一点上说得非常清楚，对于我们这样一个发展中的大国来说，发展才是硬道理。

没有结果，就不能生存，这同样是企业发展的硬道理。

现在的日本公司不就是这样吗？日本公司如果出现群体性亏损，那么一定是出现了战略性的方向问题。如果只是方向有问题，组织能力或执行能力就没有问题，谁又敢说它们会永远错下去呢？它们一旦醒来，就是中国公司最强大的竞争对手！

第5章

总经理七大执行错误

在执行错误中，最致命的是总经理犯的执行错误，因为总经理犯的错误会对企业造成致命的影响。

曾经有这么一个寓言，大山里有一只狼正在找东西吃，见到一群猫，数了数有 26 只。这么多猫，把狼吓了一跳。可狼实在太饿了，就壮着胆子向一只猫下了手，结果成功了。狼很得意，于是每天吃一只猫，26 天，一连吃了 26 只猫。狼长得又肥又大，很骄傲。

狼吃完了猫，又四处寻食，走了很远。正当饿极之时，它看到一只大猫，这下狼高兴极了，心想虽然这次只有一只，但是它看起来很大，可以让自己吃饱。于是狼冲上去就咬，结果这只猫不但力气大，而且很凶猛，反过来把狼打倒在地，把狼吃了。

狼被吃了也不知道，这只貌似猫的动物原来不是猫，是老虎。

总经理犯的错误就像这只狼，当你不懂猫已经变成老虎的时候，把老虎当成猫，公司可能就会遭遇灭顶之灾。

总经理第一大执行错误：
完美强迫症

有多少公司把追求完美作为公司的宗旨？又有多少人把追求完美作为人生的信条？

在执行理论上，把追求完美当成目标，当成理想，不断去追求是一回事，但实际执行中，总经理凡事追求完美却是另一回事。完美强迫症是总经理的第一大执行天敌。

完美强迫症：不完美就没有价值

> 追求完美的人，给完美赋予了绝对的价值，因为在他们的脑子中，不完美就没有价值。从心理学角度讲，追求完美的人往往带有某种程度的自我强迫症。

在心理学上，追求完美的人给自己所认为的“完美”赋予了绝对的意义。在他们的脑子中，不完美就没有价值，而所谓的完美，完全是他们自己脑子中臆想出来的价值，这种完美其实已经是一种病态，即“完美强迫症”。

患有完美强迫症的人，往往难以容忍细微的过错和失误，不允许丝毫的杂乱和污秽，他们讲究整洁和秩序，一切都要仔细检查，反复核实。

作为一种个人性格，一定要追求完美，那是你的自由与选择，别人无权干涉。这类似于洁癖，虽然是一种心理偏执，但于社会无妨。

问题出在你是团队领导，当你面对若干与你不同的员工，或者你工作的环境发生了巨大改变，“实现目标的难度系数”已经大到让你难以控制时，你仍然以完美主义的心态领导团队，那就会有大问题。

执行中的完美强迫症最大的问题是，他们认为不完美就没有价值。因此大量执行过程中非常有价值的暂时结果被当成“废品”，从而让整个团队形成某种焦虑：对任何暂时的不完美都难以容忍，自己始终处于紧张之中。

心理学告诉我们，执行中的这种“完美强迫症”是一种“性格障碍”，特别容易存在于成功者中。这种强迫症是与自我搏斗产生的焦虑，他们总是被重复性的思维内容或行为冲动困扰，明知这种观念或行为不合情理，但是无法控制或终止，为此痛苦、紧张、不安。

简单战胜复杂，不完美战胜完美

完美强迫症之所以成为执行的第一天敌，是因为追求完美，最后的结果大多是中途放弃。

追求完美的人往往也是最容易放弃的人，因为他们难以忍受内心对失败的恐惧。追求百分之百实现的事永远是非常难的。就像生活中追求美女一样，如果一开始你的目标就是要她，那么几乎没有实现的可能。

但如果只是想和她吃一顿饭，事情就简单多了。

这就是针对完美强迫症的解决秘方：0.1 也大于 0，每天进步一点儿远比一口吃个胖子要好得多。

很多人说，不对，乔布斯就是一个追求完美的人。就个人而言，乔布斯也许有完美强迫症，但就苹果公司而言，乔布斯并不是一个不完美就放弃的人。

以 iPhone 为例。iPhone 的确是个革命性的产品，苹果手机为人们实现了最便捷的通信，哪怕是完全不懂得用台式机上网和打开 IE 浏览器登录门户网站的使用者，买了 iPhone 之后也能迅速学会如何在网络上用手机查看股票行情或者玩游戏。

苹果前首席财务官弗雷德·安德森曾在《福布斯》上撰文指出，苹果能够浴火重生完全是因为乔布斯，是他将苹果带上了世界科技之巅，持续推出诸多革命性产品，改变了人们的生活方式。

iPhone 能够走到今天，也经历了近十年的发展。一开始的 iPod，并不是一个完美的产品，产品功能也很简单，之后通过一步一步改进，到推出 iPhone 时，苹果已经积聚了大量的经验。

这就是执行的真谛：发展中的问题要通过发展来解决，要容忍错误，特别是在创新经济时代，没有对错误的容忍，就没有创新的出现。真正的完美，是在一步一步修正错误中慢慢接近的，世界上并没有百分百的完美，只有对完美的不断追求！

总经理第二大执行错误：

奖励错位——考核 A，奖励 B

总经理犯的第二大执行错误是，口头上讲的是一回事，实际上的制度设计又是另外一回事。这就是我们常说的，考核 A，奖励 B。

比如我们的大学，口头上讲要培养德智体三好学生，但实际上分数是第一位的。结果，中国有不少大学生就成了考试机器，而考试分数高的好学生出来之后未必能取得大成就。

对执行的奖励：想要什么，就鼓励什么

IBM 的成功很大程度上要归功于“IBM 之道”。

这种精神使得它在 19 世纪六七十年代获得巨大成功，但是到了 80 年代后期，IBM 觉得自己已经非常强大了。结果“IBM 之道”的精神出现了“歧路”：尊重个人成了奖罚不清，责任不明；高品质服务变成了对既得利益的保护，谁要说大型机不好，立马就会被围攻；精益求精变成了以自我为中心。

当 IBM 决定请郭士纳做首席执行官时，实际上已经做好让他把 IBM 分拆成若干小公司的准备。但郭士纳说：“不，不是这样的，IBM 这家优秀的公司出的不是战略问题，而是我们在执行上的问题。人们嘴上说的和实际做的不是一回事。既然不是一回事，我们把它变成一回事，IBM 就有救了。”

所以我们看到郭士纳就职之后对 IBM 提出“新 IBM 之道”，强调业绩挂钩，强调速度。结果 IBM 不但没有被分拆，反而更强大了。

像这种奖励错位的现象，在企业中屡屡发生。

有的公司宣布它的战略是成为市场上的领导者，但公司将薪水标准平均化，奖金也平均分配。

有的公司声明，将增加股东的长期利益作为它的一个战略目标，但是公司着重奖励短期经营业绩，这导致高管人员出现短视行为，放弃或忽视一些对于企业长远发展有决定性影响的工作，如新市场的开拓、新技术的研发、经营创新与管理变革等。

有的公司声明鼓励创新和冒险精神，但真有员工因为“创意”需要物质支援时，企业又以风险为由推三阻四，结果保守意愿最受鼓励。

而世界级的优秀公司在这方面恰恰是想要什么就鼓励什么。比如通用电气公司的目的是想要员工工作得更快、更出色，它的薪金和奖励制度就是：只奖励那些完成了高难度工作指标的员工。

通用电气公司薪酬准则：薪酬中的大部分与工作表现直接挂钩

人们不愿意改变自己，除非你奖赏他们这样去做。一般的公司采取的办法是，干得好就拿得多，然而，通用电气公司认为奖励的真正目的应该是鼓励员工在以后更加努力地工作。

通用电气公司研究表明，要让奖金真正发挥激励作用，公司提供的奖金金额至少要高于被奖励者基本工资的 10%。因此，通用电气公司设计薪酬制度的关键准则是：薪酬中的大部分与工作表现直接挂钩。

以下是通用电气公司的薪酬准则。

准则一：不要把报酬和权力绑在一起。如果你继续把报酬与职位挂钩，就会建立起一支愤愤不平的队伍，专家把这些人称作“POPOS（passed over and pissed off）”，意思是“被忽略和被激怒的人”。

准则二：让员工更清楚地理解薪酬制度。公司如果给员工讲的都是深奥费解或模棱两可的语言，员工就弄不清楚激励的真正价值。公司应当简明易懂地解释各种额外收入。

准则三：大张旗鼓地宣传。当你为一位应当受到奖励的人颁奖时，尽可能广泛地传播这个消息。

准则四：不能想给什么就给什么。要保证薪酬制度顺利执行，就得保证你的制度有所不同。

准则五：不要凡事都给予奖赏，公司原则与价值观是至高无上的。“你不能贿赂你的孩子们去完成家庭作业，你不能贿赂你的太太去做晚饭，你不能贿赂你的员工去为公司工作。”

总经理第三大执行错误：

眼睛里只有明星员工

企业的强大离不开标杆效应，但是在现实中，如果总经理眼中只有明星员工，那么会是什么场景？

想象一下，总经理在大会上说："我们这家公司全亏了某某，正因为有他的努力，我们的公司才能取得这些成绩，你们其他人都是笨蛋，只有他才是对公司贡献最大的人。"

如果总经理总这样说，那么对这个明星员工和企业会产生什么影响？

当总经理眼里只有明星员工的时候，表面上这个明星员工得到了鼓励，但实际上，他正一天天陷入敌对的环境中，其他人就会想，既然公司全靠他，那么事情全由他一个人去做吧，我们只要看着就好了。

明星员工的下场

这种事情在我们的执行层面比比皆是。当年惠普中国区的总裁李汉生空降方正以后说，我到了方正之后，感触最深的就是王选教授对我的支持。而且我告诫以后的空降兵，如果你想在哪家公司帮助它完成改革的话，那么你一定要取得公司掌权人的支持。

李汉生得到王选多大的支持呢？据报道披露，王选宣布李汉生全权负责方正，方正全力支持李汉生的改革。李汉生在方正采取了一系列改革措施，但没多久就下台了。

为什么？

开始方正的管理层还很支持他，但随着利益的调整，随着时间的推移，那些为方正牺牲了自己利益的员工就会想，原来这么多年，我们这些人的牺牲都没有价值，只有李汉生能救我们，那我们算什么呢？

我相信，方正人是愿意支持李汉生改革的，每个方正人都希望方正能壮大。但是如果公司的声音总是说只有李汉生才能救方正，每个人心里就会觉得自己无关紧要。这样，每个人在心里就会有一种自觉或不自觉的意愿——李汉生，你失败吧，你失败了说明我们这帮人还有用，否则，不就说明我们无足轻重了吗？

接下来，很多阻力就出现了。最后的结果一定是李汉生走了，方正的业绩仍然在低谷徘徊。

李汉生之后，又有阿里巴巴的卫哲。1970 年生于上海的卫哲，25 岁担任万国证券资产管理总部副总经理，28 岁担任东方证券投资银行总部董事总经理，2002 年担任百安居中国区总裁，成为世界 500 强企业最年轻的中国总裁。

最初加入阿里巴巴，卫哲的高调言论让很多业内人士记忆犹新。“我找不到离开百安居的理由，但我找到了加入阿里巴巴的理由。”曾经声称阿里巴巴是自己最后一个工作的卫哲，也曾经对马云说过，“最多七八年后，一定会离开的，45 岁之后要做的事情是当一个商务教学的老师”。

卫哲的邮箱是向所有客户开放的，只要不是在国际航班上，客户和员工给他的邮件都不用秘书代劳。但是他最后的结局却是“不体面”地离开，让人不可谓不唏嘘扼腕。

如何奖励明星员工

我在做咨询的时候，经常给企业家提建议，如果你认为某些员工非常优秀，很简单，第一，年终发红包的时候多发一点儿，用不着在大会小会上说他们几个是公司的救星；第二，在提拔的时候你可以多考虑他们一点儿，在休假的时候你可以多给一点儿时间，这些都是以某种方式给优秀员工的奖励，包括去国外上学、培训等，都是很好的方式。

这样一来，所有员工就会在心里有一个好的预期，如果我们做好了，就会得到一个培训机会，我们就会跟他一样得到一个更长的假期，也会得到更好的报酬。

你如果在每个场合都说他是救星，你就是在害他，因为你给他树了很多敌人，每个人都希望他失败。因为只有他失败了其他员工才会有价值感，才会被认为在这家公司也是有用的，这样的结果不是违背了我们的本意吗？

所以，越看重一个员工，越要在公开场合给他提一些意见。大家会想，这个优秀员工在哪些方面做得不够好，我们能不能比他做得更好？这样大家就会觉得，这家公司之所以做得好，是我们大家共同努力的结果。

总经理第四大执行错误：

到处是重点

执行层面上真正执行的重点最多三点，最好一点。真正强调什么，最好只强调一点。原因很简单，因为我们的大脑记不了那么多东西。

只抓一个重点

反对的人会说，事情都是相互关联的，光做一点是没有用的。

但事实正好相反，当什么都去做的时候，大部分情况是什么都做不好。与其这样，不如干脆只做一件事。

海尔的发展历程是怎样的呢？海尔做大之后，不断扩张产品线，进入不同行业之后，发现自己已经失去重点了。

张瑞敏发现这个问题之后，立刻重新确定自己的核心业务是家电行业，而且在家电行业内任何一个产品都要做到市场的前三名，否则就砍掉这个事业部。

底线是最基本的重点

在企业管理中，如何确定重点？

我注意到，一个企业如果财务管理做得不好，其他方面管理得再好，也很难生存下去。而另外一些初创企业，可能其很多管理层面的事务都不完善，但是它们能够持续赢利，它们的财务一定做得不错，因为在管理的所有要素中，如果连财务都做不好，这家公司就真的不行了。

既然在管理上所有的要素都是相互关联的，那么为什么要先做好财务呢？道理很简单，在解决问题的程序上，先从解决最紧迫、最重要的事情开始，把这个事情解决了以后，再一个一个地解决其他事情。

如果一开始就全抓的话，反而解决不好。

体现重点的方法

体现重点最简单的做法，是每年做一个主题，比如今年的主题是快速扩张市场份额，今年就主要围绕这个来做；明年要实现利润，就强调利润；后年做品牌，就强调品牌。原则上，每年能把企业面临的一个重要的方面彻底改进，就已经非常好了。

这一点做得最好的是通用电气公司，作为一个为数不多的能够将庞大的业务体系运营得非常好的跨国集团，它的成功得益于公司每年明确的年度战略和战略运营体系。通用电气公司每年花半年时间制订战略，并在下一年围绕这个战略进行重复的运营回顾和反馈，保证业务方向和业绩不发生偏移。

与此同时，我们可以看到很多并不大的企业的做法正好相反，很多公司制定的新一年工作计划，总结过去成绩至少有 5 点到 10 点，说明下一步任务也要说 5 点到 10 点。和我们国家做国民经济五年计划差不多了。与此相对应的事实是什么？谁会把那个报告当成一个真正的执行方案去做呢？

既然没有一个人把它当成执行方案去做，那么为什么还要去做那么多计划呢？应该做少，做精。

国内许多企业的领导人有一个烦恼，就是布置的任务或制定的制度经常得不到落实，要么就是落实得如何企业领导人不知道，这突出地反映出企业执行力存在很大问题。仅有明确的战略显然是不够的，关键还要高效地执行，而这恰恰是部分中国企业的通病——“说到”与“做到”相去甚远。个人的执行力如何才能转变成整个组织的执行力，也是国内企业普遍遭遇的难题。任正非在打造华为执行力方面的成功做法，值得其他企业借鉴。

总经理第五大执行错误：过早乐观或悲观

过早发力

每次看奥运会的时候，大家都能看到一个有趣的现象：在长跑比赛中，优秀的选手从来不是一开始就跑在第一的，优秀的选手永远都是到了中途才开始加速；而一开始领跑的选手，最后很少跑到第一。

通常专业的做法都会把长跑分为几个阶段：出发阶段、途中跑阶段、冲刺阶段。每个阶段都很重要，但是要想成功，最重要的就是最后的名次。所以在终点之前跑在什么位置完全不重要。好的运动员会在不同的阶段实施不同的战术，所有的战术都是为了最后能够跑出好名次。

企业经营是长跑

同样，企业的经营永远都是一场马拉松，永远都是一个长期过程。如果我们一开始就对执行的结果抱有过于乐观的态度，或者我们一开始就觉得可以马上成功，那么我们最后收获的往往是沉重的打击。

现实和理想总有差距。那些垂头丧气者，大部分都是一开始就相信马上成功的人，因为觉得这个事情马上就可以成功了，所以他们信心百倍。做了以后呢？他们马上就发现其实并不是那么回事，最后就会变得垂头丧气，觉得人生就这么完了。

我们都记得史玉柱的几次沉浮，巨人集团破产之后，大多数人都认为他不会东山再起了。

如果史玉柱也抱有这样的想法，他就真的不会重新崛起，也就不会有之后的脑白金奇迹和网游奇迹了。史玉柱是一个优秀的执行型创业者。

真正的企业家不会在乎短期的得失，为什么？因为他们永远都把自己的事业作为一场马拉松，永远都在为最后的冲刺准备力量。

肯德基的创始人山德士上校 40 岁的时候开了一家加油站，并且在加油站开始售卖自己制作的炸鸡；45 岁的时候，他制作的炸鸡已经遐迩闻名了；56 岁的时候，因为新的高速公路修通，他贱价卖掉自己的所有资产，还完贷款之后，他一贫如洗；58 岁的时候，他到处推销自己的炸鸡秘方，被拒绝了 1 009 次之后，终于有一个人愿意与他合作了；74 岁，他卖掉了自己创办的肯德基，并成为肯德基的终身员工。

在无数次的人生转折中，如果山德士有任何一次失去信心，就不会有现在遍布全球的肯德基餐厅，也不会有我们熟悉的老人面孔标志了。

总经理第六大执行错误：

不放弃任何机会

核心能力是选择的依据

在所有机会中，什么才是真正的机会？首先应该问问自己，机会最核心的要素是什么？是执行的人！

时任联想集团董事局主席柳传志先生有一句话，他说："如果有一个项目，我首先要考虑一下我有没有人。如果有人来做，我就做。如果没有人来做，再好的项目我都会放弃。"

相反，不放弃任何机会，已经成为我们总经理的口头语，甚至是座右铭了，这是一个严重的错误。

机会无处不在，随时都有，有经常性的赢利机会，有转折时期的战略机会，有可开展新业务的机会，有进行新合作的机会，有重组的机会，有收购的机会……但是，我们面对这些机会的时候，是否考虑过这样的问题：面对一个机会或一个项目，首要考虑的是什么？是人。

企业新增项目或扩张，需要各种生产要素，比如土地、资本、机器等。但最重要的是什么？是人。既然如此，企业就必须建立一个强大的培养人才的机制，没有这个机制，就不要着急扩张。

所以，当我们选择一个项目，或者公司扩张的时候，首先要考虑的是有没有人来做，如果没有人来做，再好的项目也只能放弃。在这个意义上，那些希望高速发展的公司，最要紧的一件事就是立即储备人力资源。

建立人才机制

第一，要建立一个招人的渠道，保证能不断地有后备人才供给。

第二，对现有人员进行大规模的动态淘汰。本来这个岗位只需要 3 个人，现在招 5 个人。半年之后就淘汰两个人，然后再招来一个人，半年之后再淘汰一个人，一年之后留下的 3 个人就全是精英了。

第三，把精英拆开，让一个精英去做一项新业务，然后再招聘新人进来。

华为在 20 世纪 90 年代快速扩张的时候，从各个高校招收电子或计算机专业的毕业生，但是一段时间之后，就会大批地逐步淘汰不合适的员工，在这样的基础上不断积累精英。

大多数企业在做业务扩张时，因为人力资源储备不够，就只能对现有人员赋予更大的希望，付出更大的代价希望他们做得更好。他们成功之后，即使做不好，也不敢动他们，哪怕犯了错误也得重用，因为找不到代替者。

2000 年之后，中国住房改革引发了房地产行业的热潮，一时间不同行业的企业纷纷涌入房地产行业。但是几年之后，随着政策的收紧，留下的还是像万科这样专业的公司，原因就在于，只有专业的公司才会长期培养专业的人才。

同样的事情在可口可乐公司也上演过。可口可乐收购过葡萄园，也去做过电影，都大败而归，最后可口可乐干脆给自己立下禁令，不做与饮料无关的产业。

道理仍然在人才上。我们很信赖海尔的电器，却不信赖海尔的计算机。为什么？原因特别简单，一旦我们认为海尔没有计算机人才，我们就会对海尔的计算机做出较低的评价。索尼和三星也是生产电器的，同时又生产电脑，为什么我们就信赖它们的电脑？因为索尼和三星在半导体元件领域有它们的独到之处，有技术和研发人才，可是我们没听说过海尔有这类人才。

打个不恰当的比喻，把业务比喻成“太太”，把利润比喻成“小孩”，大家不要只喜欢小孩，却随便换太太。记住“小孩是自己的好，太太也是自己的好”，不要眼红别人的“太太”，不要以为别人赚钱了，我同样可以赚钱。

大部分公司的亏损都发生在“花心”的时候，大部分公司的死亡也并不是死于无利润，而是死于扩张，特别是多元化扩张。

总经理第七大执行错误：

迷信创新

最好的未必是市场最认可的！我们经常会看到某个先进的产品或设计败给普通产品的例子。

1985年，可口可乐公司董事长罗伯特·戈伊苏埃塔宣布了一项惊人的决定。他宣布可口可乐公司决定放弃它一成不变的传统配方，原因是现在的用户偏好口味更甜的软饮料，为了迎合这一需要，可口可乐公司决定更改配方调整口味，推出新一代可口可乐。

为什么要变？20世纪80年代，可口可乐在饮料市场的领导者地位受到挑战，市场增长速度从每年递增13%下降到只有2%，为什么会这样？主要原因是竞争对手百事可乐来势汹汹，它推出了“百事新一代”系列广告，将促销的锋芒直指饮料市场最大的用户群体——年轻人，超过了可口可乐的势头。

但在“新可乐”上市后的一个月，可口可乐公司每天接到的抗议电话超过5 000个，更有雪片般飞来的抗议信件，可口可乐公司不得不开辟了83条热线，雇用更多的公关人员处理这些抱怨和批评。有的顾客称可口可乐是美国的象征，有的顾客威胁说将改喝茶水永不再买可口可乐公司的产品，更有忠于传统可口可乐的人组成“美国老可乐饮者”组织，发动了全美抵制“新可乐”运动，而且许多人开始寻找已停产的传统的可口可乐，这些“老可乐”的价格一涨再涨。

面市后两个月，“新可乐”的销量远远低于公司的预期值，不少瓶装商强烈要求改回销售传统可口可乐。最终可口可乐公司决定恢复传统配方的生产，可口可乐的这一次创新遭受了巨额损失。

从这个案例可以看到，执行就是把简单的事做到极致，也就是常说的，把简单的事做得不简单。但是很多企业管理者不这么想，他们总觉得有捷径可以快速成功，创新在很多企业家那里其实等同于走捷径。事实上，伟大企业的成功有多少是靠走捷径成功的呢？

IBM 不是计算机的发明者，但 IBM 是计算机最大的受益者与领导者。计算机最好的操作软件来自苹果，但是真正领先的却是微软。质量管理是美国人发明的，但是真正受益的是日本人。

专注才能成功

华为的任正非在早年曾经讲过一句话："方正是有技术而无管理，联想是有管理没技术，华为既没有技术也没有管理。"有技术没有管理的方正是最差的，其次是联想的有管理没有技术，华为没有技术和管理，反而是最好的。

这种对应关系说明了什么？说明优秀公司之所以优秀，不是技术，甚至不是管理，而是对业务的专注。联想不专注，想多元化，有管理又如何？华为"既没有技术也没有管理"，但华为很专注，海外市场做到 100 多亿元，技术和管理自然就有了，这是中国公司在高科技领域最大的突破。

所以，经营公司重要的是专注，创新只发生在重大变革的时候。

很多企业成功之后，很愿意给成功安上一个创新的帽子。但是，如果一家公司成功经营了 100 年的话，那么创新只占其中的不到 10 年，大部分时间，这家公司是在沿着已经明确的道路走，并矢志不渝，这才是公司的成功之道。

这就是可口可乐成功的道理，用户不是在喝可口可乐，他们喝的是可口可乐公司这几十年精心打造的文化。所以，可口可乐千万不要以为用户喜欢的是它的产品的口味，懂得了这一点，才有可口可乐百年的基业长青！

— 第 6 章 —

中层执行力

做大气层还是放大镜?

古话有云:“上梁不正下梁歪,中梁不正倒下来。”这是晋朝杨泉在《物理论》中说的,原文是:“上不正,下参差。”

在一个企业中,如果把企业领导看作上梁,把普通员工视为下梁,那么中层领导显然就是框架结构。一座房子的框架结构出了问题,这座房子迟早要倒掉,由此可见企业的中层管理者这个框架结构在“房子”中的重要性。

中层管理者既是执行者,又是领导者,作用发挥得好与坏,直接关系着企业的兴衰,作用发挥好了,是高层联系基层的桥梁与纽带,作用发挥得不好,就是横在高层与基层之间的一堵墙。

一句话:决战在中层。

中层要做放大镜

企业的中层管理者如何进行自我定位？如何在企业中发挥承上启下、上通下达的作用？如何使中层的执行力得到正确高效的发挥？

作为企业的中层管理者，很多人一定会有以上疑问。

放大镜原理为我们很好地解答了以上一系列问题，并回答了中层执行力的根本问题。

太阳表面有效温度为 5 777 开，但是为什么它连地面上的一张纸都烧不着呢？

原因很简单：第一，它离这张纸太远了，距离越远作用力越小；第二，它的大部分热量都被大气层折射和损耗掉了；第三，它自己的能量太分散了。

阳光普照的结果就是哪里都有阳光，哪里的阳光温度都不高。但是我们有办法让太阳把纸点着，靠什么？靠聚焦。我们用放大镜把太阳的光聚焦到一点，就可以把纸点燃。

那么，有人会问，放大镜原理与中层执行力有什么关系呢？

如果我们把公司战略比喻成太阳，把用户价值比喻成纸，那么中层是什么？中层在太阳面前，只有两种选择：要么做大气层，把高层战略的大部分热量都折射和损耗掉；要么做放大镜，把太阳的光芒都聚集到一点，把纸点燃。

中层要做放大镜，把太阳的光芒都聚集到一点，把纸点燃；而不是做大气层，把高层战略的大部分热量都折射和损耗掉。

中层执行三大原理

对于企业中层管理者来讲，做放大镜而不做大气层是非常重要的。如何做放大镜而不是做大气层呢？

中层执行力的关键，就是要遵循中层执行的三大原理，也叫“放大镜三原理”。

放大镜原理一：找准位置

找准位置，就是把放大镜和纸的位置搞清楚。放大镜与纸的距离必须有一个恰当的位置，才能把纸点燃。所以中层首先要把位置找准，太远了不行，太近了也不行。

放大镜原理二：聚焦目标

聚焦目标，讲的是中层要聚集一个目标，而不能拿着放大镜到处聚焦，否则就会到处起火。比如，财务部拿着放大镜对着营销部聚焦，营销部拿着放大镜对着生产部聚焦，生产部拿着放大镜对着采购部聚焦，这样火是点着了，但到处起火，导致高层的任务就是整天灭火。

所有部门都必须树立一个统一的目标，这样公司才能发挥整体优势，才能强大。

放大镜原理三：超越期望

超越期望，讲的是中层超越上层的期望，才会有下层超越中层的期望。当我们说关键在中层，我们常见的问题是什么？就是中层不能超越上层的期望，而中层又要求下层超越自己的期望。

找准位置：团队大于能人

好的管理者绝不是独行侠

“独行侠”在武侠小说中比比皆是：他们沉默地独来独往，将所有的问题都一肩挑，既不帮别人承担，也不让别人为自己承担。

他们大多是顶天立地的孤胆英雄，拥有绝世无双的武功，却注定成不了一呼百应、统率江湖的武林盟主。这是因为，一个独来独往的人，不可能和他人有良好的沟通，不可能和团队默契地合作，更不可能承担团队的成长和发展。

因此，我可以下此断言：好的管理者绝不是独行侠！

中层管理者的定义是：在企业中以经营管理为谋生手段，将所经营管理部门的成功与所在企业的成功视为自己的成功的专职管理人。由此可见，中层管理者的职责就是管理。

很多中层管理者来自基层，因此具备一技之长并熟悉业务，但很多情况下，他们不能对自己的职责清晰定位，往往只关注具体的业务和技术工作，整个团队的成长和执行力却没有得到显著提高。

因此，中层管理者第一原则：企业的中层管理者一定要认清自己的角色，给自己找准位置，培养一个团结、协作的团队才能有效提高企业执行力。

中层是企业执行的核心，作为企业中承上启下的桥梁，中层执行不仅是个人的事，还是整个管理团队的事情。

中层的位置：培养团队的执行力

如果中层执行不力，就会导致整个团队执行不力，企业整个执行系统就会发生肠梗阻，许多企业的执行往往就卡在中层。

某公司有两位刚从技术岗位提升到技术管理岗位的年轻管理者：A 经理和 B 经理。

A 经理觉得责任重大，技术进步日新月异，部门中又有许多技术问题没有解决，很有紧迫感，每天刻苦学习相关知识，钻研技术文件，加班加点解决技术问题。他认为，问题的关键在于他能否向员工证明自己在技术方面是非常出色的。

B 经理也认识到技术的重要性和自己部门的不足，因此他花很多时间向员工介绍自己的经验和知识；当他们遇到问题，他也帮忙一起解决，并积极地与相关部门联系和协调。

三个月后，A 经理和 B 经理都非常好地解决了部门的技术问题，A 经理似乎更突出。但半年后，A 经理发现自己部门问题越来越多，自己越来越忙，员工却似乎并不满意，A 经理常觉得自己很委屈。B 经理却得到员工的拥戴，部门士气高昂，以前的问题都解决了，还拥有了新的技术研究成果。

对中层管理者而言，真正意义上的成功必然是团队的成功。脱离团队去追求个人的成功，这样的成功即使得到了，往往也是变味的和苦涩的，长期来看对公司是有害的。因此，一个优秀的中层管理者绝不是个人勇猛直前、孤军深入，而是带领员工共同前进。

中层位置：松下的中层之道

被誉为日本“经营之神”的松下幸之助就深深地知道，好领导绝不能独来独往，他所做的一切都必须为整个团队的成长负责，否则他就顶多是个精于专业的技术员，永远无法成为一位真正的管理者。

他不但这样要求自己，也这样要求自己企业中的中层管理者。

有一个时期，松下幸之助预测到家用电器中大量使用小马达的时代即将到来，于是就委任非常优秀的研发人员中尾担任新产品研发部部长，负责研制小马达。中尾接受任务后，立即通宵达旦地研究起小马达来。

有一次，松下幸之助正好经过中尾的实验室，看到中尾辛苦地工作，非但没有表扬他，还狠狠地批评了他一顿。这是为什么呢？就连中尾自己也想不明白，感到非常委屈。可是松下幸之助这么做，是有他的道理的。

松下幸之助对中尾说：“你是我最器重的研究人才，可是你的管理才能我实在不敢恭维。公司的规模已经相当大了，研究项目日益增多，你即使一天干 24 小时，也完不成那么多工作。所以作为研发部长，你的主要职责就是培养 10 个，甚至 100 个像你这样擅长研究的人，我相信你能做到。”

从这番话里，我们可以清楚地看出领导者对中层管理者的要求，那就是中层管理者不能永远只埋头做自己的事情，更关键的是要学会做团队的指挥者，让团队中的每个人都知道该做什么，该如何做。

后来松下公司不仅研究出开放的三相异步电动机，而且挤垮了日本最大的电动机生产厂家——百川电机。

百川的老总来找松下幸之助，他说："我是专门做马达的，你是做电器的，我做了一辈子马达，我有很多优秀的电机专家，可是你居然用三年时间就把我挤破产了。你推出的产品既比我的技术水平高，也比我的更受市场欢迎，你是从哪里招来的专家打败了我？"

松下幸之助说："没有，我的所有专家全是内部员工！我只是把很多员工变成了专家。你有几十个优秀的专家，却没有几百个优秀的员工，我正好相反！"

松下幸之助的这番话蕴含了以下两层含义。

第一，优秀的专家不等于优秀的中层管理者。优秀的专家只盯着自己的业务，淬炼自己的技术，而优秀的中层管理者要时刻着眼于团队，将团队中的每个人都培养成栋梁之材。

第二，优秀的中层管理者，不仅要起到领头羊的表率作用，更要起到指挥者的作用。优秀的中层必是手握指挥棒的领导，善于集合团队的力量，而不是一个人单打独斗。这其实就是松下幸之助检验一位中层管理者是否优秀的重要标准之一。

松下幸之助有这样一种观念：我们不做第一，但是要做比第一更快的第一。他为什么能做到这一点？就是因为他要求公司的中层能够培养出两个、三个甚至几百个优秀的人才，集合团队的力量，这样才能在竞争中脱颖而出。

让我们回过头品味上面所讲的这个故事：若中尾埋头研究自己的

业务，以他的才华而论，成功研制出小马达是很容易的事。但他若只埋头于自己的业务，松下公司就永远不能在电机方面打败竞争对手，就只能疲于奔命。

总之，作为组织中的一名中层管理者，在组织中找准角色，做好定位，摆正位置，不仅能够促进组织整体绩效的实现，而且对员工的职业发展、管理者自身价值的实现等，都有着不可估量的现实意义。

聚焦于目标，聚焦于用户价值

要想创造有效产出，必须聚焦

德鲁克讲得非常好，他说，如果卓有成效还有什么“秘密”的话，那就是聚焦，把精力集中于一点。卓有成效的管理者总是把重要的事情放在前面先做，一次只做一件事。

为什么要聚焦？有两大原因，一是管理工作本身的要求，另一个是人性本身的特质。管理工作的要求源于做事与时间的矛盾，要做的事非常多，可做事的时间却十分有限。

管理者越想把时间聚焦于有效产出，越需要大块或整段的时间；管理者越想从忙碌的工作中跳出来，聚焦于创造有效产出，越需要在整块时间中持续努力。从本质上讲，管理者竞争的是时间，即使是用短到半天或长到两周的时间来创造有效产出，也需要管理者有很大的自我控制能力，并且有勇气对别人说“不”。

比尔·盖茨、扎克伯格为了专心创业，都中途退学。当然有人也许会说，上完学再创业不好吗？扎克伯格、比尔·盖茨的经验告诉我们，上完学之后，多半就没有扎克伯格、比尔·盖茨了。

以马克·扎克伯格为例，他是美国社交网站脸书的创办人，被人们冠以“盖茨第二”的美誉，但他是哈佛大学计算机和心理学专业辍学生。

扎克伯格生于 1984 年 5 月 14 日，在美国纽约州白原市长大。父母是牙医和心理医生。扎克伯格从小就是个电脑神童。10 岁时他得到第一台电脑。高中时，他为学校设计了一款 MP3 播放机。之后，很多业内公司都向他抛来橄榄枝，包括微软公司。但是扎克伯格拒绝了年薪 95 万美元的工作机会，选择去哈佛大学上学。在哈佛，主修心理学的他仍然痴迷电脑。他和两位室友一起，用了一星期时间写网站程序，建立了一个为哈佛同学提供互相联系的平台的网站，命名为脸书。脸书在 2004 年 2 月刚一推出，就横扫整个哈佛校园。2004 年年底，脸书的注册人数已突破 100 万，扎克伯格干脆从哈佛退学，全职运营网站。

我们知道，一个人的时间和精力都是有限的，在一段时间内，一个人只有专心致志、聚焦于一件事，把全部时间和精力都投入其中，他的成功率才有可能增大，一心二用或多用只会降低成功的可能。

扎克伯格的创业就是聚焦，一段时间只做一件事，他在正确的时间专心致志做正确的事——创立脸书，而放弃哈佛的学业。假设当时他的决定是先完成学业而延后创业，脸书也许就不存在了。

中层永远要聚焦于一件事：用户价值

聚焦于目标，本质上是聚焦于用户价值，对于企业中层来讲，永远都要聚焦于一件事，那就是用户价值。

有人会想，关注用户价值，那不是老板的事吗？实际上，中层成为大气层还是成为放大镜，最大区别就在于聚焦于“用户价值”。

在这里，最重要的是重温德鲁克思想。

德鲁克所有的著作都基于一个观点，那就是企业只有一个使命，创造用户，或者叫创造用户价值。德鲁克用了 contribution 一词表明对用户价值的创造，这个词中文一般都译为“贡献”，而我更愿意把这个词译为“有效产出”。

“有效产出”与“贡献”有什么不同？在中文中，贡献有某种道德含义，意思是我们为某种组织或个人付出，这个付出有某种牺牲的含义，也有行为主体“不计回报”的含义（比如为国家做贡献）。

但在德鲁克那里，contribution 讲的是为用户创造的结果，创造这种结果的目的是公司“有效”，或让个人有效。公司或个人的有效，会让行为主体获得比对手更多的回报，这不仅没有一点儿“牺牲”或不计回报的含义，而且是大有收获的行为。

所以，我用有效产出来代表 contribution——对用户价值的创造。中层为什么执行不力？在我看来，问题恰恰出在对有效产出的违背上。

我一直有一个困惑，那就是“以用户为中心”有多少真实性？企业在创业阶段，或者碰到重大危机时，往往以用户为中心，企业一旦做大做强，如何做到“以用户为中心”？

为什么这么说？中国是一个有着几千年农业文明的国家，一些特有的习惯不会轻易退出历史舞台，为什么不少企业会出现中层执行不力，“欺上瞒下，当面一套，背后一套”的情况？

关键在于，一家公司要聚焦于为用户创造价值，那么，这家公司的人际关系就会建立在用户价值的基础上，也就会出现对事不对人的文化。反过来，当经营公司不是为了创造用户价值，而是为了既得利益者的利益，那么一家公司无论多大、多优秀，平庸的种子都种下了。

用户价值如何体现？关键在领导，执行在中层，体现在基层。

超越期望

什么是超越期望？就是如果股东要求你的公司回报率是 1，你就要做到 1.5。同样，如果老板对你的要求是 1，你也要做到 1.5。股东如何要求老板，老板就如何要求中层。

这种要求赋予了中层管理者执行使命：永远致力于超越用户的期望。

戴尔：追求卓越超越期望

2011 财年戴尔总收入为 615 亿美元，创公司单年收入增长历史之最。2011 财年的企业解决方案与服务收入增长也为历史最佳。

戴尔规定员工在完成指标后的庆贺不允许超过 5 秒钟，而且 5 个小时之内必须拿出新的目标和计划。

这就是戴尔，永远把自己的目标定得更高，永远让自己处于一种拼命的状态。戴尔这样培养它的中层，把每一次任务都当作参加奥运会，只有第一没有第二。

戴尔为什么要求公司如此快速地增长？就是因为戴尔知道自己没什么独特的东西，既没有 IBM 那么悠久的历史和品牌，也没有惠普那么多优秀的科学家和技术能力。但是戴尔可以做到一点：我比你更快、更凶、更狠。

在戴尔，中层经理中流行着一句话，那就是庆祝胜利不超过 5 秒钟，意思就是不要躺在功劳簿上，要立即行动，不断进取！

三星电子：没有最好，只有更好

三星是个不断前进的企业。从低价形象到高端品牌，三星对“升级”自己的追求极为狂热。在赶超日本企业的过程中，三星很到位地理解到日本企业品牌的基础是无懈可击的质量，以及将技术转化为“时尚”消费品的能力。而三星对目前中国市场追求“时尚”高端市场的容纳力的果断战略判断，以及判断之后迅速的战略实施跟进，永远都在超越用户的期望。

当苹果如日中天的时候，这一时期，诺基亚、摩托罗拉都倒下了，但三星没有放弃，在全球市场与苹果展开争夺用户的战争，一度拿到了智能手机全球市场份额第一的好成绩，这是一种什么样的精神？

想象一下，三星的中层管理者是如何工作的？当一个公司把超越用户期望作为自己努力的目标时，三星的中层管理者一定会以完成公司的期望为使命，这才是支撑三星以极快的速度推出用户满意的新产品的原因。

— 第 7 章 —

员工执行力：猴子管理法

猴子管理法第一法则：

锁定责任

在不少企业，总会出现一种现象，那就是“领导总是没时间，员工总是没工作”，为什么？原因就在于，责任这只猴子从员工身上跳到了领导的肩上。所以，在讲员工执行力的时候，一个最基本的问题就是如何让员工学会自我管理。

德鲁克在谈到有效管理者的时候，讲了一个非常重要的观点，那就是管理的本质是自我管理，他说，如何管理别人，到目前为止其实还没有得到证实，但如何管理自己却是真正得到实践并被证实的科学。

按照德鲁克的说法，管理自己才是使管理成为一门科学的入口。卓有成效的管理者的自我开发，是组织发展的核心，是提高组织绩效的唯一途径。管理者工作有效性的日益提高，会提升整个组织的绩效水平，也会提高每个人的眼光。

在知识经济时代，每个知识工作者都是管理者，因为知识工作者只有通过自我管理，才能真正激发自己的潜能。对于知识工作来说，效能即有效性取决于他们的智慧，而不是发达的肌肉或灵巧的双手。

猴子乱跳，责任落空

所有的执行，在管理层面都可以归结为一点——责、权、利的对等。所谓责权利对等，无非是讲猴子原来在谁的身上，它就应该在谁的身上，不允许它在组织内跳来跳去。如果领导者不懂得如何锁定责任，责任这只猴子就会在公司跳来跳去，最后导致责、权、利不对等。

俄罗斯矿山爆炸

一家公司的销售会议得出一个结论，销售不好是因为俄罗斯的矿山爆炸了。你一定会觉得很荒唐，但下面这些对话相信你一定有似曾相识的感觉。

营销部门经理说："最近销售做得不好，我们有一定责任，但是最主要的责任不在我们，竞争对手纷纷推出新产品，比我们的产品好，所以我们很不好做。"

研发部门经理说："我们最近推出的新产品是少，但是我们也有困难呀，预算太少！"

财务部门经理说："是，我是削减了你的预算，但是你要知道，公司的成本在上升，我们当然没有多少钱。"

这时，采购部门经理说："我们的采购成本上升了 10%，你们知道为什么吗？俄罗斯一个生产铬的矿山爆炸了，导致不锈钢价格上涨。"

"哦，原来如此呀，这样说，我们大家都没有多少责任了……"

总经理面带愠色道："这样说来，我只好去考核俄罗斯的矿山了！"

这样一些荒唐的故事，之所以会发生在我们身边，原因就在于每个人的本性中始终重复着一个永恒的主题：逃避责任，回避风险。

因此，管理责任这只猴子的第一法则，就是要锁定责任：猴子原来在谁的身上，无论有什么变化，它都应该被锁定在原来责任人的身上。

就像这个故事中的情景一样，销售部销售不好，责任在产品；产品不好，责任在预算；预算之所以少，是因为成本高，盈利少；而成本之所以高，是因为采购成本高；采购成本高是因为俄罗斯矿山爆炸。

每个人都可以把责任往别人身上推，每个人都能够在别人那儿找到借口，可我们有没有想过一个基本的问题：那就是自我责任是什么？

结论只有一句话：做得好的公司，猴子各就各位——员工勇于承担责任。做得不好的公司，猴子上蹿下跳——员工相互推卸责任。

锁定责任靠制度执行力

海尔 2 945 块玻璃的故事

海尔经常被拿来做中国企业执行力的榜样，下面就是一个有关海尔的执行力的故事，从这个故事中，我们可以看到，责任是执行力最基本的入口！

据说在海尔冰箱工厂，有一个 5 层的材料库，5 层楼一共有 2 945 块玻璃，如果走到玻璃跟前仔细看，你一定会惊讶地发现，这 2 945 块玻璃每块上都贴着一张小条！

小条上是什么？原来每个小条上都印着两个编码，第一个编码上写着负责擦这块玻璃的责任人，第二个编码上是谁负责检查这块玻璃。

猴子在谁的身上？海尔在考核准则上规定：如果玻璃脏了，责任不在负责擦的人，而是负责检查的人！

如果玻璃脏了，责任这只猴子锁定在检查的人的身上，而不会被推卸到擦玻璃的员工身上，绝对不会发生猴子上蹿下跳的现象。

海尔首席执行官管理法的核心是，对工作的分解强调“三个一”，即分解量化到每个人、每一天、每一项工作。在海尔，大到机器设备，小到一块玻璃，都清楚地标明事件的责任人与事件检查的监督人，有详细的工作内容及考核标准，如此形成环环相扣的责任链，做到了“奖有理、罚有据”。

这种管理的核心是，我们不再去想个人工作态度如何，我们要锁定责任，即使是一个简单的擦玻璃的工作，也要确定两个责任人，他们有各自明确的责任。

在麦当劳就餐时，我们也会注意到，它的洗手间贴着一张表，上面是打扫卫生的责任人、时间、检查人，每次做完就会打个钩。

这就是制度执行力，凡事都要做到“责任到人”。“人人都管事，事事有人管”，不要过分强调人的主动性与积极性，而是要用制度流程保证执行。

猴子管理法第二法则：

让员工照顾好自己的猴子

当主管的永远都要记住一个基本的定律，那就是时间守恒定律：你与员工的时间永远保持一个常量，员工占据你的时间越多，你的时间越少。你的时间越少，你对组织的贡献越小。如果你整天在替员工解决问题，特别是大多数他们应当自己解决的问题，你实际上就是一个员工，而不是主管。

因此，在管理中有两个最基本的原则要注意。

> 第一，主管不当保姆，让员工照顾好自己的猴子。
>
> 第二，流程管理是让员工主动独立做事的保证。

不当保姆，让员工照顾好自己的猴子

员工不管大事小事，凡事都问主管，说明员工把主管当成保姆而不是领导。作为主管，必须永远争取延长自己自由支配的时间。只有

这样才有足够的时间关注团队的目标，而不是某个人的目标；关注团队的士气，而不是某个人的士气。

延长自由时间最基本的办法，就是不要让员工占据你的时间。要让员工不占据你的时间，关键是让他们学会自己处理问题，而不是把你当成保姆。

网上有一个“荆轲刺秦王”的玩笑版，很有趣。我照录如下：

> 燕太子派荆轲去秦王那里执行刺杀任务。一会儿，荆轲打电话回来请示：殿下，秦舞阳不给力啊，咋办？太子说：你自己上。
>
> 一会儿，荆轲又请示：刚才没扎上秦王，咋办？太子说：接着扎。
>
> 一会儿又请示：秦王绕着柱子跑，扎不着，咋办？……
>
> 最后，秦王问刺杀失败的荆轲：死到临头，有何话说？
>
> 荆轲说：摊上燕太子这样的领导，算我倒霉！

这个玩笑似乎很荒诞，但现实中，这样荒诞的事几乎天天都在发生。这个可笑的故事说明，主管指导员工应该是：布置任务（刺秦），提供资源（天下最利的匕首、樊於期的人头和督亢的地图），给出原则性普遍性的指导意见和方针，而在具体的操作过程中，要依靠员工发挥自己的主动性和积极性去独立完成工作。

如果像保姆一样事无巨细地告诉员工应该如何去做，只会适得其反，猴子会从员工身上转移到主管身上，导致下级一身轻，而主管忙得焦头烂额，无暇照顾自己的工作和猴子。

流程管理是让员工主动独立做事的保证

主管不当保姆，就必须让员工学会独立做事，主动做事。如何让员工学会独立而主动地做事呢？回答是流程。所谓流程，就是事先做什么，事中做什么，事后做什么。流程是把说变成做唯一有效的通路。

比如采购，我们可以在流程中提出一系列标准和做事的流程，采购之前要做什么，采购中要注意什么，采购后要注意什么。确定标准，然后找到尽可能多的供应商，根据确定的标准，比如样品初检、报价、质量、交货期等，列一个单子，然后在同等情况下对这些供应商进行评分选择，最后通过对比，选择三家供应商。

在确定三家之后，原则上以一家为主，另外两家为辅，按一定比例采购，这样即使其中一家出了问题，也有相应的应对措施。

有了这样一套流程，原则上，就可以大胆鼓励员工主动做事，边做边汇报。因为越是有规则，员工就越有做事的自由。

反过来，什么是主动性的敌人？含糊！大家做之前信誓旦旦，做的过程中却含含糊糊，做完之后必然是：做得好大家争功，做得不好相互推卸责任。

工作有了流程，员工就能主动做事，同时，你可以通过流程来检查每个人在关键点上做得如何。这样既保证从组织目标上对事情进行结果的控制，又使员工能照顾自己肩上的猴子。

猴子管理法第三法则：
沟通职责

下级身上的猴子是上级给的，所以要每个人都照料好自己的猴子，前提就是千万不要忘了猴子是从哪儿来的。因此，猴子管理法的沟通职责包括：

第一，下级要与上级沟通自己的职责是什么。

第二，上级要和下级讨论下级职责的意义。

下级要与上级沟通自己的职责是什么

下级的职责不是由自己界定的，而是由上级界定的。界定职责，是为了在出现问题时有人承担责任。所以，界定岗位职责，明确相关责任是十分重要的。

下级与上级进行工作沟通时，一定要弄清楚自己的工作方向与工作内容，主动承担自身的工作责任。

当下级不太清楚上级分配的工作任务时，最好主动询问，加强沟通，而不能想当然地按照自己的理解处理工作，否则一旦造成工作失误或方向性错误，除了可能遭受处罚之外，自身心理上还会产生出力不讨好的委屈和埋怨情绪，这样一来，对个人工作积极性和部门整体工作绩效都会带来负面影响。

当上级分配给下级较为重大或复杂的工作任务时，在工作进度关键节点上，下级更要主动多向领导汇报，听取领导的反馈意见，以便保持正确的工作方向。

比如，人力资源经理的工作职责和权限是由他的上司——人力资源总监界定的，人力资源总监要界定人力资源经理岗位的重要工作内容和职责，而不是人力资源经理自行决定自己的工作范畴和权限。

人力资源经理要经常与人力资源总监沟通，了解自己的工作范畴和权限是否有所增减或有新的变化，与总监确认近期的工作职责。

如果人力资源经理对自己岗位职责的界定，与人力资源总监对其岗位职责的界定是一致的，那么该公司的管理处于良性状态；如果两者界定的岗位职责不一致，就是人力资源总监失职。

而如果下级的岗位职责都明确无误后，工作出现重大错误并导致公司利益受损，那么下级就是责任人，就要承担相应的责任。

上级要与下级讨论下级职责的意义

请注意：下级主动找上级沟通是明确职责，而上级与下级沟通则是明确这个职责的意义。也就是说一个人对职责的理解，或者说对于一个职责愿意承担的责任，很大程度上依赖于他对这个职责背后意义的理解。

为什么这样说？先来看下面这个故事。

三个建筑工人：我在做什么

三个建筑工人在工地上劳动，有路人问他们："你们在做什么？"。

第一个工人说："砌砖。"

第二个工人说："我正在做一件每小时能挣9块钱的工作。"

第三个工人说："我呀，正在建造世界上最伟大的建筑。"

后来，第一个人当了一辈子的建筑工人，第二个人当了小商人，第三个人成了一家建筑公司的老板。

从事着同一种工作，三个人对自己平凡的工作会有如此不同的态度。

第三个人对自己平凡的砌砖工作充满着热情，认为工作虽然普通，但意义非凡，他坚信自己在从事一项伟大的工作，从而产生为一项伟大工作而全身心投入的精神状态，结果经过艰苦努力必然有所成就。

而前两个工人对自己工作的认知与第三个人完全不同，他们自认为这个工作不重要，没意义，只是挣钱混饭吃。抱着这样的认知和态度，平凡的工作对于他们来说，只能是一个漫无边际的苦役，他们的人生也终将黯淡无光。

这个故事虽小，却意味深长，它让人不由得对照检讨自己的工作认知和态度。

在公司内人们从事着不同的工作，扮演着不同的角色。绝大多数工作都是普通而平凡的，工作本身的新鲜感往往只有很短的时间。随着时间的推移，人们很容易变得拖沓，感觉疲倦，不再保持最初的激情。

但是人们还得继续工作，于是应付式的态度出现了，工作的正常心态开始出现偏差，于是工作绩效开始滑坡，这既损害公司集体利益，最终也损害了自己的利益。

有鉴于此，我们可以得出一个结论：一个人对工作的态度（对责任的承担）很大程度上是由对工作的价值和意义的认知决定的，如果一个人对工作职责的内涵有非常明确深刻的理解，他就会以一种积极认真的态度面对工作，并勇于承担责任。

这个故事告诉人们一个富有深意的道理，员工只有在深刻了解本职工作所蕴含的意义及对社会和他人的价值后，才能更好地发挥主观积极性和潜能认真对待工作。不是所有人都能认识到工作职责的意义，这时，上下级的沟通显得尤为重要。上级要及时与下级沟通，让下级了解自身工作的重要性和职责的意义，所以，上级与下级讨论职责的意义和价值是非常重要的。

猴子管理法第四法则：

授权——
让员工把猴子当成是自己的来养

《荀子》中有段话很精辟："明主好要，暗主好详。主好要则百事详，主好详则百事荒。"

意思是，聪明的上级善于抓住要点（纲领和战略），而愚笨的上级却喜欢（事无巨细一齐抓）事事都管周详。上级善于抓住要点（大政纲领），一切事情都可以落实到位处理周详；上级喜欢（事必躬亲）事事都管周详，结果是一切事情都容易被荒废。

充分授权是提高下级执行力的有效方式

有句话说，胳膊肘往里拐，说的是人的天性首先会为自己考虑。所以，上级要让员工把猴子养好，首先要让员工把猴子当成自己的来养。

那如何让员工把你给他的猴子当成自己的来养呢？办法是授权，让员工感觉猴子确实是属于他的。

美国通用电气的前首席执行官杰克·韦尔奇有一句经典名言：“管得少就是管得好。”乍听此言，觉得有些不可思议，可是深入细想，豁然开朗：管得少并非说明管理的作用被弱化了，效率管理可能会产生事半功倍的效果。

杰克·韦尔奇在开始担任首席执行官的时候，下属要买一台 5 000 万美元的主机，需要包括他在内的 17 个人签字。后来，他废除了这项程序，任期内再没有对任何一笔拨款签过字。

杰克·韦尔奇强调，要把决策权尽可能让给最了解工作的人，因为只有他们最清楚影响流程效率的因素在那。管理阶层要创造一个鼓励员工增进效率的环境，这个环境包括资讯的充分供应与交流，也包括适度的激励。

基层员工不应仅仅被告诉该做什么，而应被赋予权力和承担责任。

所有的员工都可以参与决策，当员工知道一大堆的签字责任不能再往自己的上级那里推托的时候，他们会以更加严肃认真的态度决策和行动。

有效的授权对企业有以下两点好处。

（1）通过有效授权，授权者将庞大的企业 / 组织目标轻松地分解到不同人身上，同时将责任让渡给更多的人共同承担，让团队每个成员更有目标、更负责任、更投入、更有创造性地工作，产生“四两拨千斤”的巨大力量和“九牛爬坡，个个出力”的协作精神。

（2）通过有效授权，企业减少了控制，摆脱了依从，领导者从权力的烦恼中走出来，被授权者增加了自主性，感受到了责任感，提高了工作的能动性，增强了自我管理能力，获得了更快的个人成长和执行力的提高。有效授权为企业带来了较高的激励水平、高效率的团队和优异的业绩。

自我管理是提高基层执行力的最佳方法

管理者不是被雇来做员工的主人的，他们的职责应该是引导员工成为自己的主人，使员工对自己负责。

人性告诉我们，没有任何人能够被管理，人只能自己管理自己。每个人都是自己的主人，别人不能成为他们的主人，他也不能成为别人的主人。人们可以被引导，但不能被强制，人们只服从自己的意愿。

如果每个员工能自发训练让自己成为专家（至少具有某项专业技

能），企业就具备了实行自我管理的前提条件。正如院长不会指导医生如何做手术，校长不会监督教授如何上课一样。虽然乐队指挥要在现场指挥演奏节奏，但从根本上说，他并不需要监督乐师们的演奏。

自我管理的前提自然是授权，领导将自主权还给每个员工并信任他们，在他们遇到困难时及时伸出援助之手，帮助他们渡过难关。观察那些优秀的团队莫不如此。当真正信任员工时，你会发现担心是多余的。

自我管理是最有效的管理。是高绩效团队成员具备的一个典型特征。领导将自主权还给每个员工并信任他们。优秀的领导要塑造一支自我管理的团队，首先要培养员工自我管理的习惯。自我管理就是一种良好的习惯，完全可以培养出来。

IBM 对员工的关心体贴、其终身培训制度，以及从小沃尔森时代一直延续到现在的鲜明的遵守纪律的文化一直为业界所称道。但是，可能有人不知道 IBM 的员工为什么不仅能坚定不移地信守和奉行公司的价值理念、遵守既定的规则，还具有突出的创新精神。那就是因为员工已经在很大程度上实现了自我管理。

IBM 员工自我管理的内容包括对企业理念的认同程度，对文化价值体系的理解和兴趣程度，自律感、羞耻感、自我约束力以及自我激励能力，工作中所表现出的主动性和能动性，对所承担工作和达到组织所设定目标的自信心，克服困难和战胜挫折的勇气，对同事的尊敬和在工作中体现出的协作精神，等等。

西门子公司有个口号叫作“自己培养自己”，这反映出公司在员工管理上的深刻见解。和世界上所有的顶级公司一样，西门子公司把人员的全面职业培训和继续教育列入公司战略发展规划，并认真地加以实施。

但西门子所做的不止于此——它把相当的注意力放在激发员工的学习愿望、营造环境让员工承担责任并在创造性的工作中体会到成就感上，同时引导员工不断进行自我激励，以便能和公司共同成长。

授权与监督成正比

那上级的授权应该到什么程度？原则上，授权是与监督成正比的。

你的监督能力到什么程度，就授权到什么程度，如果我们有相应的监督措施，那么权力原则上都可以下放。

事实上，这是不可能的。由于监督成本很高，所以，我们必须保留那些无法监督的权力。比如企业文化建设、团队建设等，都是很难准确监督其结果的。

现代企业管理中的监督方式用的是什么方式呢？不是中国人传统的感情监督方式，而是流程、制度、考核、奖励等法制或经济手段。

反过来讲，如果没有相应的监督手段，宁可不授权。没有监督的授权，就等于借钱不打借条，其实，借钱不就是授权别人使用你的钱吗？如果你觉得借钱不好意思打借条，就不要借，否则，你授权给别人使用你的钱却没有借条，就等于在鼓励别人不还钱。

所以，授权不存在授多少的问题，只存在你能够监督多少的问题。

你的监督办法多，你就可以多授权。你没法监督，就不要授权，丈夫和妻子之间没法授权，就是因为这个没法监督，这就是清官难断家务事的原因。

猴子管理法第五法则：

做重要但不紧急的事

许多管理者都有相同的痛苦和感慨："我太忙了，没有时间！"

如果当管理者仔细检查一下自己每天究竟在忙些什么的时候，会发现自己绝大部分时间是在到处救火，处理一些计划之外的紧急问题或琐碎事务，日复一日，忙得不可开交又累得要命。

大凡能够在事业上做出卓越成绩的人，都是管理时间的专家——万科地产的掌门人王石，作为一家拥有上千亿元年销售额的上市公司的首席执行官，竟然有一段时间离开公司抛开生意去爬珠穆朗玛峰，由此可见正确科学的时间管理是多么重要。

先轻重，后缓急

时间管理的出发点，在于学会处理事情的优先次序，应先考虑事情的"轻重"，再考虑事情的"缓急"，尤其是要提前做那些重要但不紧急的事，管理者的成功与否，很大程度上就体现在这里。

"重要、不重要、紧急、不紧急"这四个词很好地包含了每天都要做的事情的特质。四个词凑到一起形容事情的话，可以有四种组合：重要且紧急的、重要但不紧急的、不重要但紧急的、不重要且不紧急的。

重要且紧急的事情，是指事情的重要性高，而且需要立即行动，这种事一般要优先处理。此类事情带给人们较高的压力。比如老板紧急交办的工作，一些影响重大的突发事件，重要客户来访，生病住院，等等。

重要但不紧急的事情，可能是长远的理想或奋斗目标。通常这类事情挑战性高，难度也高。因为它们不紧急所以经常被推到最后几天。最常见的，比如结婚对于刚毕业的大学生来说是重要但不紧急的事情；又比如，制订发展规划、考察、调研等。这种事需要制订计划，按计划执行。

不重要但紧急的事情，本身重要性不高，但因为时间的压力，需要赶快采取行动，它会让人产生“这件事很重要”的错觉——实际上就算重要也是对别人而言。这种事情可以授权与委托、请人帮忙，不一定要你亲自做。如公司例会，电话，收快递，某些会议的处理，某些碍于场面出席的会议、活动，等等。

不重要且不紧急的事情，本身没有迫切完成的压力，而且重要性不高，例如唱卡拉 OK、逛街、看电视、打游戏、抽烟、喝酒、打麻将等。

结论：做重要但不紧急的事情，这样可以减少重要且紧急的事情的出现。

重在防火，而不是救火

往往紧急的事情给人的压力比较大，迫使人们赶紧去做，相对来说重要的事情反而没有那么大的压力，大多数人做事情都是以压力为导向的，压力之下，总觉得非要先做紧急的事情，结果就是永远到处救火，永远没有停歇的时候。

比如锻炼身体是重要但不紧急的事情，而去医院看病是重要且紧急的事情，如果不锻炼身体保持健康，就有可能去医院看病。又比如防火是重要但不紧急的事情，而救火是紧急且重要的事情，如果平时不注意防火，就要常常救火。找工作也是如此，想好自己究竟要什么是重要但不紧急的事情，找工作是重要且紧急的事情，如果不想好自己想要什么，就常常需要找工作。

反观时间管理的高手，他们是不会整天被所谓的重要且紧急的事拖着到处乱转的。为什么？因为对这类人而言，重要且紧急的事一般不会太多。为什么？因为他们的注意力一开始就没放在那些重要且紧急的事上，他们关注的是重要但不紧急的事，这类事才是最值得投入精力的，因为它们是最有可能做好的事（时间充裕），而且一旦在开始时就把这类事安排好，它们就不可能发展成重要且紧急的事了。

那么，许多人的重要且紧急的事是从哪里来的？除了部分突发事件，很多就是平时看来重要但不紧急的事到最后给拖出来的！

为什么人们每天都很忙？关键是没有做好计划与规划，没做好重要但不紧急的事。所以，自然就造出许多“起火”的事情，即紧急的事情。

重要但不紧急的事应该是人们关注的重点，要花大量时间来处理。只要把这些防患于未然、战略规划的事做好，就会减少重要且紧急的事出现，就会变得不忙。例如消防队员，只要平时抓好消防意识培训、消防安全检查等（重要但不紧急的事）工作，就会减少火灾（重要且紧急的事）的发生，也就不需要哪里起火往哪里跑。

提前做好计划安排，进而使重要但不紧急的事情进展顺利，可以减少重要且紧急的事情发生的概率，管理的猴子才不至于累死。

要事优先，学会舍弃

美国史卡鲁大钢铁公司的总裁查鲁斯，原来也是一个不会舍弃、只知道追求面面俱到的人，他做的许多事情常常半途而废。他感到非常烦恼，便向效率研究专家艾伊贝·李请教解决此问题的办法。李给他的建议是这样的：

（1）不要想着把所有事情都做完。

（2）手边的事情并不一定是最重要的事情。

（3）每天晚上写出你明天必须做的事情，按照事情的重要性排序。

（4）第二天先做最重要的事情，不必顾及其他事情，第一件事做完后，再做第二件，以此类推。

（5）到了晚上，如果你列出的事情没有做完也没关系，因为你已经把最重要的事情做完了，剩下的事情明天再做。

最后，艾伊贝 · 李说：“每天重复么做，如果感觉效果超出你的想象，就可以指导手下照着做。在做到你认为满意时，只要付给我一张你认为相等价值的支票即可。”

查鲁斯试了一段时间后，效果非常惊人。于是，他要求员工也跟着做。结果，艾伊贝 · 李得到一张 2.5 万美元的支票。

猴子管理法第六法则：

猴子也需要快乐

在执行的过程中，责任这只猴子是由人承担的，每个承担责任的人，事实上都承担着很大的风险与代价，因此压力也会随之而来。如何化解和排遣这些压力，变压力为动力，从而减少其对执行和执行人的影响呢？

多鼓励赞美，使下级在工作中获得快乐

赞扬与鼓励对员工来说，就像荒漠中的甘泉。但在现实中，我们很多领导人都很严厉，发奖金的时候毫不吝啬，但对员工笑一笑，表

扬员工却很吝啬。很多时候，领导者往往对员工的工作成绩表现得过于冷静，认为员工做得好是理所当然的，而且以为每个人都应达到同样的水平。这就忽视了员工之间的种种差异，忽视了员工在取得成绩的过程中所付出的努力，忽视了赞扬与鼓励是一种有效的内在性激励，可以激发和保持员工工作的主动性和积极性。

问题是，我们的领导总是严厉地板着脸对待员工，这样会有轻松舒适的工作氛围吗？员工能在工作中找到快乐和乐趣吗？没有快乐的员工又怎么可能有满意的用户？

而且，如果不让我们的员工感觉到快乐和幸福的话，那么你会发现你的激励成本将越来越高。我们来看一个现实中发生的故事。

某公司的员工认真完成了上级布置的工作任务，并且做出了不错的成绩，于是这个员工期待着上级领导能给他称心如意的嘉奖和鼓励。可是，领导并没有对其突出表现进行必要的关注，更没有对其进行应有的赞扬。他心里嘀咕：为什么领导不表扬我，是对我有偏见还是嫉妒我的成就？

之后，这个员工就会产生强烈的挫折感，他认为反正领导也看不见或不关注我，干好干坏一个样，干多干少一个样。同时，他也对领导产生一些看法，于是与领导相处不冷不热，注意保持距离，没有什么友谊和感情可言，最终形成隔阂。

从上面的案例我们可以看出，领导对员工及时适当的鼓励和赞美是多么重要。领导者的赞扬可以满足员工的荣誉感和成就感，使其在精神上受到鼓励，从而带动其在工作中的积极性。从心理学角度来说，赞扬与鼓励是一种有力的心理暗示，对行为有着不可估量的作用。

而且适时赞扬与鼓励能够消除员工对领导者的种种疑虑与隔阂，使两者的关系更加密切，有利于上下级的团结，同时还可以让员工认识到自己在群体中的位置和价值，以及自己在领导者心中的形象。

领导对员工的鼓励和赞美其实是一种最简单最直接的激励方式，甚至不需要成本。它可以有以下几种方式。

对员工说谢谢，在其他员工面前赞扬一名员工，给员工的家属写感谢信或慰问信，在公告板上张贴肯定一名员工成绩的评论信，通过电话或电子邮件对员工进行表扬，在员工工作不顺利时说鼓励的话，与员工共进午餐，等等。

伟大的发明家爱迪生一生只上过三个月的小学，他的学问是靠母亲的教导和自修得来的。他的成功应该归功于母亲自小对他的鼓励与耐心的教导，因为母亲，他才能从原来被人认为的低能儿，成为举世闻名的“发明大王”。

在仅有的三个月的学校学习中，爱迪生不好好听课，经常提奇奇怪怪的问题，也爱闯祸，因此，老师认为爱迪生是低能儿，不让他到学校继续上学。

但是爱迪生的妈妈并不这么认为。她把爱迪生带回家，给予鼓励教育。

当爱迪生受到打击时，妈妈总会鼓励他；当爱迪生成功时，妈妈会告诉他“孩子，你真棒”。可见，鼓励和赞美的力量是多么强大，不仅能让爱迪生找到自信与前进的方向，还为他提供了强大的精神支柱，引领他进入知识的殿堂。

在母亲的教育影响下，爱迪生信心大增，最后通过自己的努力成为伟大的发明家。

一句赞美的话，影响力可持续一辈子

1888 年 11 月 24 日，一个男孩诞生于密苏里州玛丽维尔附近的一个小市镇。男孩的父亲经营着一家小小的农场。男孩到了上学的年龄，他在学校可不是一个听话的家伙，因为调皮捣蛋，搞恶作剧，他好几次差一点儿被学校开除。

一天，男孩的父亲把男孩交给了继母——一位富有且善良的女性，男孩的父亲告诉男孩的继母，他是镇子上最调皮的坏男孩！没有想到的是，继母却微笑着说："不，他是全镇最聪明、最有创造力的男孩！他只是找不到宣泄热情的地方。"男孩被感动得热泪盈眶，从此，他和继母保持着良好的友谊。

后来继母给男孩买了台打字机，于是男孩爱上了写作——一个影响全球数百万人的作家、一个心灵引导者就是这样诞生的——一个充满欣赏充满爱的赞美！这个男孩就是美国著名作家和现代成人教育之父戴尔·卡耐基，他被誉为 20 世纪最有影响力的人物之一，最伟大的心灵导师和成功学大师。

原来，卡耐基走向成功的出发点是继母对他的赞美与一台打字机。真是不可思议！可以这样说，是一个赞美改变了卡耐基的人生！的确，赞美的力量不容小觑！也许他儿时的恶作剧和调皮是出于缺乏爱的关注，抑或太多人对他的不理解和批评、斥责。所以，当他听到继母的那声赞美时，心灵受到不小的震动。

有时候，赞美会成为一个心灵的支点。领导对员工的每一句赞美，每一声鼓励都会使员工信心百倍。也许这时，你会发现，员工会露出充满成就感的喜悦和微笑，然后会比以前更努力更认真地投入工作。因为员工已经感受到来自心灵的力量，来自赞美的力量。

总结来说，**请不要吝啬你的赞美，要大方勇敢地表达！**你会发现，生活中总有赞美的身影。赞美具有无穷的魅力，赞美是一种美好的品德。你每天都可以对下属说一声："今天你看起来很精神！"或者说一声："今天你工作很出色！"……你可能不相信，一个赞美竟会影响人的一生，但事实的确如此——请不要低估赞美的力量！

猴子管理法第七法则：

检查和监督能使猴子进化

前面我们了解了授权的意义和如何授权，但不是说授权之后我们就可以高枕无忧坐享其成了，授权之后需要对员工进行严格的监督和检查，否则，会带来更大的风险。

为什么要强调上级对员工的检查和监督呢？检查和监督的原因是上级和员工之间做事的风险是不对等的。假设你的员工犯了错，你罚了他一万元，但他给你带来的损失一定超过一万元。

你的风险比他大，当然事前风险的控制就由你来做，而不是他。你的检查和监督就是让猴子进化，就是把风险控制在发生之前，使猴子知道如何做事。

巴林银行倒闭事件

1995 年 2 月 27 日，世界上最古老的银行之一巴林银行破产了。拥有 4 万员工、4 个集团，在全球几乎所有地区都有分支机构的巴林银行怎么会破产呢？因为一个人——里森，巴林银行曾经最优秀的交易员之一。

里森当年才 28 岁，是巴林银行新加坡分行的经理。他 25 岁进入巴林银行，主要做期货买卖。之前他的工作非常出色，业绩也很突出，据说他一个人赚的钱一度达到整个银行其他人的总和。

为了表示巴林银行对人才的重视，董事会决定采取一个政策，赋予里森先斩后奏的权利。可巴林银行没有料到，正是这一决定使它走上了毁灭的道路。

从 1994 年年底开始，里森认为日本股市将上扬，未经批准就套汇衍生金融商品交易，期望利用不同地区交易市场上的差价获利。这一举动如果放在别人身上，早就引起上层审查了，可是里森可以先斩后奏，没有人对此表示异议。

后来，在已购进价值 70 亿美元的日经股票指数期货后，里森又在日本债券和短期利率合同期货市场上做了价值约 200 亿美元的空头交易。这等于把整个巴林银行都押在了日经股价会升值上。

但不幸的是，日经股价并未按照里森的预测走。1995 年 2 月日经股价收盘降到 17 885 点。里森又试图通过大量买进的方法促使日经股价上升，但都失败了。

随着日经股价的进一步下跌，里森越亏越多，眼睁睁地看着 10 亿美元化为乌有，而整个巴林银行的资本和储备金只有 8.6 亿美元。尽管英格兰银行采取了一系列拯救措施，但都没能救活这家拥有 200 多年历史的银行。

这个案例说明，对企业的生存和发展来讲，无原则地放权与授权存在着极大的威胁和隐患，企业和各级领导必须严肃认真地履行检查和监督的职责，利用各种合理的制度流程和手段，在执行过程的各个重要节点严格把关，这样才能使出现的问题得到及时快速的反馈，并得到解决，不至于养虎为患，酿成重大的灾难，以致后悔莫及。

沃尔玛“让人精疲力竭的管理”

沃尔玛曾在世界 500 强名单中连续多年名列第一，它之所以能取得如此大的成就，秘诀之一就是公司的领导一直强调对员工工作的检查。

沃尔玛的员工把沃尔顿的管理风格称为“让你精疲力竭的管理”和“仔细检查式的管理”。因为沃尔玛的领导常常会令人防不胜防地“蹿”到一线，对员工进行突击检查，时不时对员工当面进行质询：

“你这个事情做得怎么样了？”

沃尔玛很尊重、很信任它的每个员工。但是，检查和信任不是一回事，检查是制度系统，人性中都有弱点，每个人都有可能犯错误，制度能帮助员工改正错误，发挥出员工最大的潜力。

从以上两个案例不难看出，在执行过程中企业管理和团队执行力的重要标准——监督和检查职能的履行是多么重要。

沃尔玛通过大量细致得令人精疲力竭的检查和监督纠正员工出现的错误和纰漏，从而在执行过程中及时快速地处理了各种问题，发挥了员工的潜能，极大地提高了工作效率。

出色的监督和检查带来的是成功的管理和突出的业绩。而监督检查的不力与缺失带来的是管理的巨大漏洞和隐患，像巴林银行倒闭事件这样的惨痛教训给了企业和管理者很好的警醒。因此，有效的检查和监督能够把风险控制在发生之前，并能够让员工知道如何正确地做事与执行。

— 第8章 —

新执行七大纲领

执行纲领一：

创造危机

危机：机源于危

《孙子兵法》有一句非常有价值的话："投之亡地然后存，陷之死地然后生。"意思是，把军队布置在无法退却、只有战死的境地，兵士就会奋勇前进，杀敌取胜。

这一思想主要体现了孙子"以患为利"的用兵策略，更体现了一种团队行动力的基本要素，那就是只有在没有退路的时候，人们才会奋力向前。

一句话：机源于危。中国企业执行力中，表现最优秀的莫过于华为，而华为的总裁任正非就是个制造危机的高手。他说过："我们公司经过 10 年的顺利发展却没有经历挫折，不经过挫折，就不知道如何走向正确的道路。磨难是一笔财富，而我们没有经过磨难，这是我们最大的弱点。”

华为是中国非常优秀的公司，非常强调危机感。这就是执行的逻辑：越优秀的公司越强调危机感，越强调危机感的公司越有执行力。

任正非的危机论并非他个人独创，很多优秀企业都有类似的危机意识。

> 比尔·盖茨说：“微软离破产只有 18 个月，也永远只有 18 个月！”
>
> 波音公司在新员工入职培训的时候播放波音公司倒闭的假想新闻。
>
> 海尔的张瑞敏说：“要做一个伟大的企业，对待成就永远都要战战兢兢，如履薄冰。”
>
> 百度李彦宏说过，别看我们现在是第一，如果你停止工作 30 天，这个公司就完了。

那些平庸的公司，往往是安于现状的公司。

著名的变革专家，哈佛大学教授约翰·科特论述了如何应对组织里存在的“NONO 族”，所谓 NONO 族就是每时每刻都反对变革的人。他们总是要你拿出百分之百的证据，否则就会发动一场对你说“NO”的群众运动，或者他们会在你行动的时候，提出各种合理化建议，让你发现自己有多少不合理，然后放弃行动。

如何对付他们？约翰·科特提出三个有效方法。一是主动分散这些挑拨离间者的注意力，以免他们制造麻烦。二是把他们赶出组织。三是把他们的行为公之于众，利用现成的社会力量压制或制止他们。

但我觉得正如约翰·科特自己承认的那样，对“完美”的追求，其实深植于我们每个人的骨子里。我们每个人或多或少都有“NONO族”基因，既然如此，解决的根本办法可能要“由外而内”，这也是约翰·科特提出的紧迫感策略之一。

也就是说，如果要想“安内”，首要的是建立一个外在的参考系，然后触发员工或企业组织进行对比与反省。比如，无论你在那儿谈多少用户第一，都不如建立一个用户满意度或忠诚度数据反馈体系更重要。

我最近几年一直作为中央电视台的特约嘉宾，参加过其录制的很多节目，《对话》栏目组还请我给他们做过执行力的专题培训。

在接触的过程中，我发现中央电视台的运营体系与员工的职业化程度都在快速提高，一问，发现是中央电视台将“收视率”作为栏目的考核标准，不达标的栏目就要被砍掉。

我想，这就是虚假危机感与真正危机感的区别。在寒冬中，我们有多少企业在那儿对员工大谈紧迫感、危机感，却不去寻求用户满意度、忠诚度的不足，不去寻求与竞争对手的差距。如果没有这一类外在的“敌人机制”，主观的危机感与紧迫感就很容易被稀释，市场危机本质上是竞争危机。

有时候我在想，从进化的角度讲，这场寒冬对中国企业其实是一件好事，几百万大学生找不到工作也并不完全是件坏事，一批企业倒闭会让经营者思考经济增长方式的转变，而大学生失业一定会让教育部门反思，中国最该关注的问题之一就是中国的教育体系。

执行纲领二：

行动能力是淘汰出来的

能者上，平者让，庸者下。这是执行第二大原则。行动能力是淘汰出来的：

> 企业不淘汰平庸的员工，是对努力者的不负责任。
>
> 企业不应该向员工承诺“提供终身就业”，而应该努力让他们拥有“终身就业能力”。

不淘汰平庸的员工，是对努力者的不负责任

大家都记得孔明挥泪斩马谡的故事。马谡虽然人才难得，但论罪当斩，诸葛亮也只有挥泪而已。挥泪是诸葛亮的个人人情，斩首是对蜀军军法的执行。可见，人情的宽容应该在制度执行的基础上，而不是凌驾于制度之上。

同样的淘汰政策也发生在 IBM。1993 年郭士纳上任后，将奖酬制度改为绩效导向并与市场连接。他将人员分为销售、技术服务及后

勤支持几种，并制定三张不同的薪资表。

在每一类中，郭士纳把员工绩效分成四级，第一级占 15%，第二级占 65%，第三级占 20%，第四级是 0。为什么第四级定为 0 呢？郭士纳解释说：“因为还没有等公司把你评分为第四级之前，你已经被迫出局了。”

IBM 的重点是绩效最好的前 20% 的员工，这些员工调薪幅度可以非常高，也享有股票期权和各种培训机会。

通用电气公司是一家百年老店，杰克·韦尔奇也是最优秀的首席执行官，在他的领导下，通用电气的市值由他上任时的 130 亿美元上升到 4 800 亿美元，通用电气公司一次又一次登上“全美最受推崇公司”的宝座……

但杰克·韦尔奇却是这样说的：**“你最重要的工作不是把最差的员工变成表现不错的员工，而是要把表现不错的变成最好的。”**我认为这句话对指导人力资源工作的作用特别大，或者说对执行力的贡献特别大。

通用电气公司能够持续 20 多年保持两位数增长，与杰克·韦尔奇的用人理念有很大关系。

韦尔奇有“三大”用人理念：

（1）找到优秀的管理人员，给他们足够的资源和权力，让他们充分发挥。

（2）提拔和奖励最优秀的员工，给他们高到不可思议的薪资，让他们来为你经营企业。

（3）毫不迟疑地辞掉不合格的经理，他们应该去能够发挥他们特点的公司。

通用电气公司还有著名的“通用电气公司活力曲线”，它以业绩为横轴，以组织内达到这种业绩的员工的数量为纵轴，得出一张正态分布图（见图 8–1）。

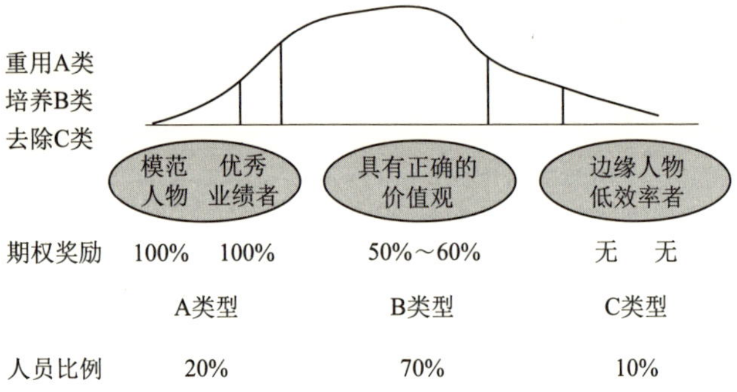

图 8–1 活力曲线图

通用电气公司就是利用这张正态分布图，很容易地划分了业绩排在前面的 20% 的员工、业绩排在后 10% 的员工以及中间 70% 的员工。这种评估组织内人力资源的方法，被韦尔奇称为“活力曲线”。

“活力曲线”当然不仅仅是一个划分工具，其产生的作用更多地体现在划分之后的严格区别对待上。

首先是工资提升、职务晋升和股票期权等奖励上的区别对待：

A 类员工得到的奖励往往是 B 类员工的两倍至三倍。

B 类员工会得到奖励，通常他们中间的 50% ~ 60% 会得到工资上调和股票期权。

C 类员工不会得到任何奖励。

除了奖励以外，三类员工在通用电气公司的地位也有非常大的差别：A 类员工将被视为通用电气公司最重要的财富，每位 A 类员工的流失都被视为通用电气公司的重大损失，都必须事后开会检讨；B 类员工是通用电气公司的企业主体，也是通用电气公司最主要的培训对象；C 类员工会被“处理掉”和“清除出去”。

“经理们如果不能对员工进行区分，很快他们就会发现自己被划进了 C 类。”企业不应该向员工承诺“提供终身就业”，而应该努力让他们拥有“终身就业能力”。“失去 A 类员工是一种罪过”，韦尔奇在他的自传中这样表达他对 A 类人才的爱惜。

这个故事中，杰克·韦尔奇用通用电气公司活力曲线来对员工进行分类，并明令奖惩制度。在这样的体制下，优秀员工得到提拔，拙劣员工面临淘汰，就是这样有法有度的治理模式使得通用电气公司持续 20 多年保持两位数增长！

执行纲领三：

凡决定了的，就是对的

哥伦布曾说过：“即使决定是错的，我们也可以通过执行把事情做对，而不是再回头讨论。”

哥伦布是历史上著名的航海家，他出生于意大利热那亚，从小就向往着海上航行，尤其喜欢读《马可·波罗游记》。哥伦布一直幻想有朝一日能够远游世界，亲自游历那诱人的东方乐园。

哥伦布制订了一个远航计划，希望能够得到封建君主们在财力、物力、人力上的支持。虽然葡萄牙国王拒绝了他的建议，但是后来西班牙王后召见了哥伦布，表示出对远航计划的兴趣，但没有给予实质性答复。

直到 1492 年，西班牙国王斐迪南二世才接见哥伦布。几番周折之后，他总算答应支持哥伦布远航。

但是所有的水手都不愿随哥伦布远航，他们都担心在途中葬身鱼腹。后来，国王只好从刑事犯中挑选了一批人给哥伦布当水手。此外，国王给了哥伦布几艘破旧的帆船。

1492 年 8 月，哥伦布带领百名水手，驾驶着 3 艘帆船，离开了西班牙的巴罗斯港，开始了人类历史上第一次横渡大西洋的壮举。

没有鲜花，没有礼炮，没有隆重的欢送仪式。谁也不知道茫茫无际的大西洋上，究竟什么样的命运在等待着这批由囚犯组成的船队。

海上的航行生活并不浪漫，相反，十分单调和乏味。水连着天，天接着水，水天一色，茫茫无垠。在原始的大自然中，人类显得异常单薄、无助，甚至有些力不从心。就这样，船队在海上漂泊了一天又一天，一周又一周，水手们开始沉不住气了，吵着要返航。

要知道，那时候大多数人都认为地球是一个扁平的大盘子，再往前航行，就会到达地球的边缘，帆船就会坠入深渊！但是，哥伦布是一个意志坚定的人，他绝不会让他苦心组建的船队半途而废，留下终生遗憾。他坚持继续向西航行，有时候，他甚至不得不拔出宝剑，强令水手们向前，再向前。

在茫茫的大海上苦熬了两个月之后，命运终于出现转机。1492 年 10 月 11 日，哥伦布看见海上漂来一根芦苇，他和水手们高兴得跳起来。有芦苇，就说明附近有陆地。果然，11 日夜间，哥伦布发现前面有隐隐约约的火光。12 日拂晓，水手们终于看见一片黑压压的陆地，顿时狂欢声如雷响起！

在海上航行了 2 个月零 9 天之后，他们终于到达美洲巴哈马群岛的华特林岛。哥伦布把这个岛命名为“圣萨尔瓦多”，意即“救世主”。

哥伦布踏上了他当时误认为是“印度群岛”和“日本”的新大陆，并在美洲游历了一番。让他失望的是，这里并不像马可·波罗描述的那样富饶。

1493 年 3 月 15 日，哥伦布把 39 个愿意留在新大陆的人留在那里，把 10 名俘虏来的印第安人押上船，返回了西班牙巴罗斯港。

今天，当人们谈起美洲时，总是会说是哥伦布第一个发现了美洲。可是谁又知道他至死都以为自己发现的是亚洲大陆而不是美洲大陆呢？

哥伦布曾经说过："即使决定是错的，我们也可以通过执行把事情做对，而不是再回头讨论。"

这句话虽然说得有点儿奇怪，但是我很同意这句话。

为什么？我们再讲一个故事。有400人被困在缅甸原始森林里，人们面临逃生的问题，这时候应该听谁的？

回答是：谁有指南针就听谁的。这时有人说了："我有指南针。"于是所有人的眼睛都看向他，这个人就在前面拿着指南针带领大家往前走。大家经过三天三夜的艰苦跋涉，一路披荆斩棘，路上也发生了很多动人心魄的事情，历尽千辛万苦之后他们终于走了出来。

出来之后大多数人在休息，有的人还在谈这三天里发生的难忘的事情，就在很多人放松的时候，拿着指南针的人突然发话了："天哪，指南针是坏的！"

这是一个十分有趣的故事，这个故事讨论的是天灾与人祸。没有指南针是天灾，但真正可怕的并不是天灾，而是人祸，"坏指南针"解决的正是人祸。

什么叫人祸？如果没有那个坏了的指南针，那么会有什么结果？400人首先可能会分成几个团队，大家因为不同的意见只能沿着不同的方向走。

走了几个小时之后，每个团队一定会有人抱怨："谁出的馊主意啊，真是害死大家了，说不定其他人早就活着出去了，我们走了那么长时间现在还没有走出去。”

这样大家不停地分裂，抱怨的声音越来越多，最后这 400 人可能会分成四五十支队伍，分裂带来的后果是能够走出去的人越来越少。

这就是人祸！

这个案例告诉我们一个道理：人祸比天灾更可怕，如果只是因为对企业做出的决策有异议就轻易放弃执行，那么会是什么情形？指南针的案例告诉我们，很多时候并不是企业战略不行，而是执行乏力使战略夭折，慢慢使得成功渐行渐远。所以，凡是决定了的，就是对的，这是一种基本的法治思想。

执行纲领四：

人们不会做你希望的，只会做你检查的

上学的时候，数、理、化、语、英等科目大家都很重视，但美术、自然、音乐等重视的人很少，为什么？

因为高考时不考美术、自然、音乐（艺术类除外），所以大家就不再下功夫学习这些不考的科目了。

考试系统，在管理上就相当于我们的检查系统，应试教育是不好，但不考试未必就好，这背后存在着一个基本的机制，那就是我们希望员工做什么，就要建立检查这一行为的检查考核系统。

比如在麦当劳的厕所里，你会发现有一个小单子贴在墙上，上面写着每个员工打扫卫生的次数，旁边则打钩以示检查过了。

同样，通用电气公司通过实行“六西格玛”质量管理体系，在几年内节省了20亿美元。大家都非常清楚，“六西格玛”是一套非常严格的质量管理方法，这种方法的核心就在于你强调什么就要把它量化。

所以，执行力良好的领导人都要学会严谨地进行后续追踪检查。首先，确保负责计划的人员能依照原定进度完成当初承诺的目标；其次，找出缺乏纪律或理念与行动不配合等问题；同时也要厘清各项具体细节，让组织中的各个运作单位步伐协调。

如果遇到外在环境发生变化，完善的后续追踪也可以使计划执行者迅速灵活地应变。

麦当劳检查的奇迹

1940年，麦当劳兄弟在加利福尼亚的圣贝纳迪诺那开始经营简陋的汽车餐厅，1977年麦当劳有1 000家连锁店，1988年达到1万家。

为了使各加盟店能够达到令顾客满意的服务与标准化水平，麦当劳公司建立了严格的检查监督制度。麦当劳体系有三种检查制度：

一是常规性月度考评。

二是公司总部的检查。

三是抽查（在选定的分店每年进行一次）。

公司总部统一检查的表格主要有食品制作检查表、柜台工作检查表、全面运营评价表和每月例行考核表等。公司总部的抽查资料有分店的账目、银行账户、月报表、现金库和重要档案等，详略不等。

而对每家分店一年一次的检查一般主要由地区督导主持，主要检查现金、库存和人员等内容。地区督导常以普通顾客的身份考察食品的新鲜度、温度、味道、地板、天花板、墙壁、桌椅等是否整洁卫生，柜台服务员服务的态度和速度等。

执行纲领五：

没有人会拒绝改变，但所有人都拒绝被改变

戴尔的总裁说过一句话："如果你真想强调什么，就培养习惯来解决它；如果你不能做得最好，就让做得好的人去做。"

我觉得，在这句话后面还可以加上另一句话，那就是"如果一个人做得最好，你就应该让他拿到最好的回报。如果一个人能拿到最好的回报，他就愿意去培养习惯。如果一个人能拿到最好的回报，其他人就会学习他把事情做好"。

所以人们是愿意改变自己的，前提是人们的付出需要得到回报。当然这里讲的回报是广义的，人们不仅需要物质层面的回报，更需要内心深处的成就感，能在内心深处感觉到自己的贡献很重要。

戴尔能够战胜 IBM，战胜惠普，战胜康柏，成为全球个人计算机行业的佼佼者，它成功的背后就是遵循了这个逻辑。

我们现在知道戴尔的核心竞争力实际上并不是直销，而是建立在

直销模式上的低成本配件供应与装配运作体系的实施能力。

戴尔的电脑显示器是从专门生产显示器的公司，比如索尼直接发货给用户的，而不是先运到戴尔然后再发给用户。根据索尼公司的需求而设立的网站可以使索尼公司和戴尔公司随时查询订货和生产信息。

就此，戴尔的首席执行官迈克尔·戴尔解释说："把显示器装上卡车运到得克萨斯州的奥斯汀，然后卸车在仓库里转一圈有什么意义呢？结果还是要装上另一辆卡车。这只会浪费大笔金钱和大量时间，除非我们能摸一摸显示器取乐，而我们是不会这样做的。"

戴尔公司推行的管理模式非常强调一点：如果员工不能够通过做一件事情感到有趣，那么我们为什么一定要做呢？这就是说，人们其实并不愿意像机器一样在生产线上被改变，人们更愿意通过创新，通过满足用户的需求来获得很好的回报。

管理者通常会本能地认为，重要的事＝大家做，大家做＝人人做；员工却认为，大家做＝别人做——都这么想，结果就是，大家做＝没人做。

如果责任不明，那么员工不执行大多数情况下与员工的道德无关，而与责任的界定含糊有关。三个和尚没水喝，不是因为和尚懒，也不是因为挑水这件事不重要，而是因为没有一个责任明确的好制度！

我在咨询项目中希望客户不要先入为主，先假定员工素质不高、责任心不强，而试图通过培训或项目来改变员工的人性。相反，我认为，如果大多数员工选择不负责任，或者进取心不强，那问题就出在制度上，而不是人。

如果领导喜欢像齐宣王那样的“合奏”，同时又不对个人进行检查与考核，那么每个人都有可能成为“南郭先生”。

优秀的制度把坏人变成好人，坏的制度把好人变成坏人！所有的管理都建立在一个基本的假定之上，那就是每个人都承担自己的责任。但什么是责任？当我们讲责任的时候，我们事实上是在这样两个前提下进行的。

第一，事情与自己有没有联系？与自己没有联系的，就没有责任。

第二，事情的发生过程中，自己是不是能够控制？不能够控制的，就没有责任。

所以，当我们说一个人不在责任状态的时候，事实上是在说：第一，他认为这件事与自己没有关系；第二，这件事的发生，他认为自己是无能为力的。

而当我们说，一个人在执行的时候要有责任感，讲的也是两层意思。

第一，只要是执行，就一定与自己有关，与自己无关，不需要你执行。

第二，你不能控制一切，但你能控制自己，你并不是机器，你是一个有着主观能动性能够解决问题的人。

也就是说，执行的起点，是执行者把执行的任务当成自己的任务，把执行的结果当成自己的利益，这样执行就有了起点，就有了内在的动力。

执行纲领六：

用备忘录驱动执行力

与其相信别人的头脑和忠诚，还不如把它用白纸黑字写出来。这就是备忘录打造的执行原理。

备忘录是宝洁的一大法宝

在宝洁的训练制度中，备忘录这项做法是出了名的。员工必须养成一种习惯，即清楚、简单地把信息呈给上司。

宝洁公司坚持不从外面招“空降部队”，而是采取百分之百的内升政策，因此内部的培养制度非常重要。宝洁非常重视训练员工解决问题，设定顺序，采取行动，追踪质量，以及领导、合作的能力。公司随时都提供各种课程和研讨会，帮助员工提高自身能力。

备忘录有两种形式：“信息备忘录”包括研究分析、现状报告、业务情况、竞争分析和市场占有率摘要；“建议备忘录”则是一种说服性文件，重点包括建议目的、背景信息、建议方案以及背后的逻辑讨论和下一步的做法。

备忘录大多不会超过 4 页。品牌管理人员如果想要升迁，最好先学会写备忘录。在宝洁，备忘录的写作甚至被当作一种训练的工具。对资历较浅的人员来说，一个备忘录重写 10 次是常见的事。成为品牌经理后，一个备忘录仍有可能被要求重写五六次。凭借不断地重写备忘录，宝洁希望能够训练员工更加周密地思考问题。

通过备忘录的形式，记录自己的成功做法，达到知识积累的目的，任何一个宝洁员工必须培养这种习惯，从而清楚、简单地把信息传递给上司。

宝洁公司通过备忘录系统建立了一个强大的执行体系，这就像宝洁的首席执行官雷富礼曾经说过的那样，“我们所有的高级管理人员都从内部提拔，但如果你想要升迁，最好先学会写备忘录”。

备忘录是许多世界级公司打造执行力的重要手段

今天，备忘录已经成为许多世界级公司打造执行力的重要手段。

著名的罗兰贝格咨询公司的领导人罗兰·贝格相信，在使用备忘录管理下，没人能够侥幸地让他忘记一件他曾关心过的事情。罗兰·贝格坚持把每一件需要自己和别人做的事情都用录音机录下来，然后让秘书打印出来并分发给相关人员。通常，罗兰·贝格每天会发出 40 ~ 50 个给不同人的“内部备忘”。同时，他会在每份“内部备忘”上标明时间，到了这个时间，秘书就会把这个“内部备忘”重新放在罗兰·贝格的案头。

与其相信别人的头脑和忠诚，还不如把它用白纸黑字写出来。这就是备忘录打造的执行原理。

宝洁公司一页备忘录

在宝洁的训练制度中，备忘录这项做法是出了名的。员工必须养成一种习惯，清楚、简单地把信息呈给上司。

标题

用一句话总结该报告的内容，让阅读者一看就知道你要说明什么。高层领导看到这一行就知道他需不需要继续看下去，不要超过两行，最好是一行。

总结

用 3 ~ 5 句话，最长不超过 4 行的内容总结出报告的核心内容，这部分内容是写给看到此报告的公司掌权者的。如果掌权者对此内容认同，可以不用再往下看，这节省了高层的时间。

背景

宝洁公司推行备忘录制度已经有几十年的历史了，它是进行有效沟通、降低管理成本的有效工具。（用最简短的语言告诉阅读者此报告内容的前因后果，为什么要写此报告，写此报告的目的是什么，希望解决什么问题，沟通什么东西，此部分内容不要超过 3 行。）

主要内容（可以是“建议”“工作成果”“行动措施”等）

本部分内容是备忘录的核心内容，详细介绍提出的建议方案、工作成果的总结，或者是工作计划的详细步骤等。可以用罗列的形式提出，也可以用文章片段的形式提出，言简意赅。所有内容都从阅读者的角度出发。尽量减少没有实质内容的语言和修辞。

建议方案的理由（建议的理由、成果的成功要素总结、行动措施

的步骤罗列等）

本部分内容尽量简化，用动词开头，如果主语非作者，加上行为人的名字；如果是列出建议的理由，理由不要超过 3 条；如果是改进措施，主要改进措施不要超过 3 个；如果是体会总结，体会不要超过 3 条。

下一步工作计划

本部分的内容为下一步工作的行动计划，列出行为人的名字，要做的工作及完成的时间和预期达到的结果。每个步骤描述不要超过两行。

启示

知识积累：通过备忘录，记录宝洁的成功做法，达到知识积累的目的。

锻炼能力：对资历较浅的人员来说，一个备忘录重写 10 次是常见的事。成为品牌经理后，一个备忘录仍有可能被要求重写五六次。

信息传递：员工必须养成一种习惯——清楚、简单地把信息呈给上司。

执行纲领七：

亲自做出表率

俗话说得好，“火车跑得快，全靠车头带”。作为团队的领导，就要以身作则，行胜于言。

有一次，当巴顿将军带领他的部队行进的时候，汽车陷入深泥中。巴顿将军喊道：“你们这帮混蛋赶快下车，把车推出来。”

所有人都下了车，按照命令开始推车。在大家的努力下，车终于被推了出来。当一个士兵正准备抹去自己身上的泥污时，惊讶地发现身边那个弄得浑身都是泥污的人竟然是巴顿将军！

此后，这个士兵一直将这件事记在心里。直到巴顿去世，在将军的葬礼上，这个士兵对巴顿的遗孀才说了这件事，这个士兵最后说：“是的，夫人，我们一直都敬佩他！”

这个故事中，巴顿就是企业的老总，巴顿为员工做出了表率，员工就会按照他指引的方向往前走，这就是真正的执行！

反观我们在带团队的时候，很多领导者通常对员工说得最多的就是“这事你就照我说的做”，殊不知这样的结果往往会导致员工做事的成果不尽如人意，甚至与领头人设想的结果大相径庭。

领头人应该把上面那句话变成“这事你按我做的做”，或者“这事我做给你看”，因为榜样的力量是无穷的。这样不但员工会心悦诚服地按你的要求完成任务，更能激发员工的工作热情，员工也会紧紧地团结在你周围。员工会从简单的服从变为发自内心地“服”你。

接下来让我们看一下第二个故事。曹操出兵攻打张绣时，恰逢麦熟季节，沿途百姓因兵至而纷纷逃避，不敢割麦。曹操知晓后便严申军法：“大小将校，凡过麦田，但有践踏者，并皆斩首。”

不想曹操乘马正行，忽然麦田中惊起一鸟，那马眼生，窜入麦田中践踏坏了一大块麦田，曹操即叫来军中主簿，拟议自己践麦之罪。主簿问："丞相岂可议罪？"曹操答："吾自制法，吾自犯之，何以服众？"于是拔剑就要自刎，众人急忙拦住并以"法不加于尊"的《春秋》古训来说服曹操。曹操沉吟良久，终于"割发代首"。

尽管后人说这是曹操故作姿态，但我们不得不承认这一"示范行为"产生的效果：从此曹操成为令行禁止、威震千军的人物。

总裁的时间在哪里，公司的重点就在哪里

1985 年秋季，英特尔已经连续 6 个季度出现亏损，业界都普遍怀疑英特尔是否能继续生存下去。英特尔的管理层围绕着是否放弃存储器业务展开激烈争论，争论旷日持久，英特尔的损失越来越大。

1985 年的一天，格鲁夫在办公室里意志消沉地与董事长兼首席执行官摩尔谈论公司的困境，那时英特尔已经在漫无目的的徘徊中度过了一年。格鲁夫问摩尔："如果我们下台，另选一名新总裁，你认为他会采取什么行动？"摩尔犹豫了一下，答道："他会放弃存储器的生意。"格鲁夫目不转睛地望着摩尔，说："你我为什么不走出这扇门，然后自己动手？"

当英特尔成为 CPU（中央处理器）行业的领袖后，格鲁夫总结他自己在转折时期的领导行为，有两点感受：首先是放下架子，承认自己对软件知识的无知，到处请教；其次是将注意力和精力都花到最重要的产业上。"总裁的时间在哪里，公司的重点就在哪里，员工就从

哪里去做。”

如果你处于领导位置，那么你本人的时间分配比任何发言都能体现哪些是公司的重点，哪些是公司的非重点。

总裁的时间在哪里，公司的重点就在哪里，员工就从哪里去做。格鲁夫亲自去学软件的知识、否定自己的时候，英特尔跟着格鲁夫从存储器业务转移到 CPU 业务上，最后完成了英特尔在 CPU 业务中的霸业。

霍尼韦尔公司的总裁拉里也说过：“在我的公司正常运转的时候，我总是会花 20% 的时间观察员工。在重新建立一个组织的时候，我会把投入这一流程的时间量扩充到 40%。每次出去视察一家工厂时，我总是会首先坐下来，花上半小时向这家工厂的经理了解情况。”

你想要什么样的文化，你就要亲自为员工做出表率，只有这样，员工才会按照你指引的方向往前走，这就是真正的执行。

— 第 9 章 —

执行突破：打造职业化铁军

中国企业面临的执行困境

未老先衰：民营企业四大“国企病”

最近，我所服务的北京锡恩咨询集团做了一个调查，内容是针对民营企业的管理现状。令人吃惊的是，像“人浮于事”“平均主义”“相互内耗”“官官相护”等问题，认为在本企业“严重存在”的比例都超过50%，有的甚至高达80%。

这让我们很吃惊。为此，我还专门到企业做了实地访谈，与企业各层面人员做了交流。因为担心样本不够，我们又扩大了几百个样本，最后的结论是，本来应当生机勃勃的中国民营企业，不少患上了“国企病”，出现了令人痛心的“未老先衰”现象。

值得重视的是，我们所做的这一调查是结合企业“盈利模式”转型进行的。在调查中我们发现，不少企业都有很好的盈利模式转型的构想，很多也正在进行尝试与努力，但这些尝试与努力最大的阻碍并不是市场或竞争，而是组织内部人与人之间合作难度的加大。这种现象让我得出一个令人忧心的结论，那就是中国民营企业在最近几年利润下降的真相，可能更多是内因，而不是外因。

我的结论是，中国民营企业利润率下降，本质上是组织生态恶化，而不完全是产品利润率下降。中国民营企业的利润转型，可能更多是组织生态的转型：企业目前最大的成本是管理成本，管理成本中 70% 以上是人与人之间的成本。民营企业开始出现问题：老板能人文化严重，管理粗放，高管职业化程度不高，这导致上下级之间、同事之间的合作成本越来越高。

具体来说，我们的调查数据显示，民营企业主要存在四大问题：（1）人浮于事：空谈的多，干事的少；（2）相互内耗：只有小我，没有大我；（3）欺上瞒下：当面一套，背后一套；（4）反应迟钝：事不关己，高高挂起。

为什么最有活力的民营企业会患上这四种“国企病”？当然，一定程度上有宏观环境的原因。中国改革开放四十年，一大批民营企业成为国民经济的主力军，但依然存在民营企业创新活力因行政管制等原因得不到有效释放的现象。

举一个发生在我们自己身上的例子。我所服务的锡恩咨询公司，在 2008 年、2009 年大学生就业难的背景下，想利用自己所服务的几万家民营企业资源为大学生找工作，结果被罚款 2 万元，原因是没有劳动局发的资质。而我们去办资质时，却被告知要参加其举办的收费培训。参加完收费培训后，又被告知劳动局与人事局正在进行机构改革，这一业务暂时停办，结果我们被迫放弃了这一创新业务。

当然外因只是变化的诱因，真正的原因是民营企业内在的盈利逻辑与组织机理有问题。我总结为以下三点。

第一，“机械式合作”导致管理成本加大。中国民营企业大部分从事的是制造业，制造业本质上是一种“机械式合作”，也就是基于工艺与流程的流水线合作，这种合作对 60 后、70 后员工问题还不大，但是到了 80 后、90 后就出问题了，极端的例子如富士康。更重要的是，当环境变化，需要企业从产品导向转向用户导向或服务导向时，或者企业规模大到一定程度时，“机械式合作”模式就完全陷入解体，这必然导致企业对用户需求反应迟缓。

第二，“单方依赖”或“单边垄断”。那些控制了重要资源的公司成员，会乐于让别人依赖自己，从而获得支配其他人的权力与社会地位。比如有些公司存在这样的现象：员工对上级的单方依赖；工厂对销售部的单方依赖；业务部门对人力资源、财务部门的单方依赖；公司员工对老板的单方依赖；供应商对企业采购员的单方依赖。显然，“单方依赖”会摧毁规模效应，企业中单方依赖现象越多，企业的规模优势越小，官僚主义、相互内斗、人浮于事的情况越多。

第三，企业规模中存在的“南郭先生”现象。组织规模几乎是与南郭先生的出现成正比的，公司越大，越有可能出现南郭先生。而民营企业管理的粗放以及人治管理体制，更容易培养一批“马屁精”，而老板也乐于享受这种吹捧，长期下来，“欺上压下，当面一套，背后一套”也就不奇怪了。

更要命的是，“官本位文化”本来就是组织成长壮大的“大敌”。有权不用，过期作废。有些民企老板喜欢讲排场、讲面子的虚荣心，进一步把民营企业“组织生态”逼到死角。

如何由大而强：中国企业的文化动力

上面的问题说明，包括中国民营企业在内的中国企业，目前最大的问题是增长机制出了问题，也就是说，中国企业的主要问题不是如何做大，而是如何做强。

中国企业经过几十年的发展，已经具备了一定的规模，这时候活下来已经不是问题，而如何持续增长才是问题。但由于公司不再是小公司，它的增长就不能再是机会型的，而只能是战略型的。

比如沃尔玛年销售额 4 000 多亿美元，它要增长 10% 就是 400 多亿美元。哪里有一个 400 多亿美元的机会供它抓住？

所以，沃尔玛近十年来的增长就不再是捕获增长的机会，而是聚焦于用户关系的改进，聚焦于供应链系统的整合，聚焦于经营方式的变革与创新！

尽管之后沃尔玛的市场销售额有过连续下滑，但是沃尔玛曾经十多年销售翻番的极限增长故事，还是值得任何一个关注战略的人去研究的，为什么巨头仍然能够增长，而中国的小公司不能持续增长？

这里存在一个矛盾：大不一定强，但不大注定不强。什么是“强”？企业之所以能强，是因为它能建立起做强的机制。没有做强的

机制，大就不会强。

现代企业是西方 200 年工业革命的产物，兴盛的背后有着强大的文化动力。相较而言，中国企业战略与执行双重困境的背景是文化动力问题，既难大也难强，原因有两个。

（1）中国独特的经济环境造就了伟大的企业家，企业家的伟大导致企业缺乏组织能力。

（2）中国独特的文化造就了员工的聪明或“善变”，员工太聪明导致企业的权谋文化。

第一句话我们不难理解，第二句话我觉得并没有得到应有的重视。社会学家韦伯揭示了一个基本的道理：为什么工业革命发生在西方？因为新教伦理这种果因文化推动了资本主义发展。

现代企业是西方 200 年工业革命的产物，而这 200 年兴盛的背后，有着强大的文化动力。

比如，到底是什么样的内在动机驱使沃森坚持要把 IBM 打造成伟大的公司？

《沃森传：特立独行者和他的 IBM 帝国》一书的作者凯文·梅尼是研究沃森的权威，凯文·梅尼通过大量的事实和数据回答了这个问题，即沃森最大的动机并不是为了金钱、权力或名望（尽管这些也是诱因），而是为了追求某种比这些更重要的力量：救赎。

如果我们懂得这一点，就可以理解为什么**中国企业的兴盛，不**

可能只依靠科学与技术，中国企业同样必须在非物质层面获得强大的文化动力。只有获得文化层面的强大动力，才能真正获得困境中的"突破"！

科技有形，文化无形。我们要懂得，**推动帆船前进的不是帆，而是看不见的风！**

也就是说，企业家要创造一个伟大的机制，前提是你得有一个"伟大的伦理"，这就是我一直推崇王石的原因，他不仅建立了一家好公司，更重要的是建立了一套"企业制度"。

这样的例子也有很多，1938年休利特和帕卡德在车库里创立了惠普。此后惠普迅速发展，多年来一直名列《财富》500强企业前列。1957年，帕卡德已被列为美国前四位最富有的人之一。然而，财富似乎并不是休利特和帕卡德一生不懈努力的动力来源。

20世纪50年代，斯坦福研究区的主干道已经挤满了暴发户们的高级轿车，帕卡德还开着老掉牙的汽车。惠普股票公开上市时令人难以想象的是，帕卡德在纽约竟然乘地铁去证券交易所参加股票上市仪式。

财富不是他们看重的，那么，到底是什么推动他们一生奋斗不止呢？也许从他们总结的"惠普之道"可以看到那种背后的力量。"惠普之道"被列为美国最佳企业管理方式，其核心信念是：相信任何人都愿意努力工作，并能创造性地工作，只要赋予他们适宜的环境，他们一定能成功。也就是说，在他们看来，努力工作是人之所愿，源于人的内心需求，而不是源于金钱、名誉等外部驱动。

再来看美国企业界的新宠，脸书创始人兼首席执行官马克·扎克伯格，世界上最年轻的亿万富豪之一，令人惊讶的是他在生活上的花销与他在哈佛大学当学生时几乎没什么两样：到哪儿都穿着人字拖鞋，有时候则换上很普通的跑鞋，开普通的车，住平常的房子，去一般人常去的酒吧，日复一日都穿着同一类型几乎褪色的灰色 T 恤……难怪人们会说，他对财富近乎变态地漠视！

于是大家非常好奇，他倾心经营脸书到底是为了什么？

2012 年 5 月 18 日早晨，脸书上市仪式上，他只是简短地说："我只想说几件事儿，之后我们将敲响开市的钟声，并返回公司继续工作。目前，我们所做的看起来都十分重要。上市是我们公司历史上一座有着重要价值的里程碑。不过，这也反映出一个问题，脸书的使命并不在于成为一家上市公司。重申一下，我们公司的宗旨是让世界更加开放，联系更加密切。"

18 世纪中叶，美国著名的新教布道家约翰·卫斯理的一句名言成为新教精神的精辟概括：**"拼命地挣钱，拼命地省钱，拼命地捐钱。"**挣钱是天职，省钱是克制禁欲，捐钱是关照精神信仰、关照社区和国家等人类命运共同体。

这个历程给我们的启示是：西方企业通过一套信念和规则规范个人行为，通过利益交换机制共享企业成长的成果，从而建立起一批伟大的企业。

中国企业可以跳过这一历程吗？

执行新启蒙：

中国新一代企业家的使命

启蒙核心：建立独立人格的商业文化

我觉得，与其高喊革命，不如通过利益机制进行经济人格的启蒙，进行商业文化的改良。而这就是中国新一代企业家的使命：新执行启蒙，让员工走向独立人格的职业商人。

所以，我在本书中所讲的执行，并不是一般意义上的那种执行，而是基于中国文化背景的新执行，这种文化背景主要体现在以下两方面。

第一，中国企业家能力太强，导致员工能力不足。就像父母能力太强了，子女就会产生依赖思想。伟大的领导者之下往往是平庸的雇员。

第二，中国员工太聪明，导致执行力不足。世界上执行力最好的公司，比如德国和日本公司，员工有什么特点呢？做事都很认真。中国员工的特点是聪明，聪明人的做法往往是做事不踏实。

在经营企业的道路上，我们正在经历一场演变，从依赖人格的“小农商人”，走向拥有独立人格的职业商人，国际化不仅仅是经济含义，而且是一种文化平等。

这就是为什么我给“执行”赋予“启蒙意义”的原因。因为**我们所做的，是执行背后的东西——在中国企业建立独立人格的商业文**

化！我们必须正视一点，在中国慢慢地强大的过程中，我们要学会慢慢地把心态放平。

在过去几百年中，我们被欺压、处于落后地位已经很多年了，半封建、半殖民地的历史留给我们太多屈辱，外国列强的每一次入侵，都会在我们民族的内心深处种下屈辱的种子。

心理学告诉我们，有些东西是可以遗传的，比如屈辱、仇恨都可以通过文化遗传下来。所以，这些东西如果不随着时间慢慢消融的话，我们这个民族就会被屈辱、仇恨蒙住双眼。

想想第一代暴发户对钱的态度，很大程度上不就是对内心屈辱的反应吗？他们被社会的困境压抑了几十年，突然有了钱会怎么做？吃饭要吃最贵的饭！开车要开最贵的车！反正就是“砸钱”——只选贵的，不选对的！

到了今天这个时代，我们对钱的概念正在发生改变，我们的心态慢慢平和下来。因为钱是自己辛苦挣来的，成功是“一分耕耘，一分收获”，对钱哪有什么仇恨，钱是让生活更美好的工具啊！

这就是我要提执行启蒙的原因。因为**中国企业的兴盛，不可能只依靠科学与技术，只有获得文化层面的强大动力，才能真正获得困境中的“突破”！**

这个强大的文化动力是什么？这个动力首先来自我们对现实的正视：**表面上我们在做商人，其实我们缺少独立的商业人格。**

经济人格：以原则为中心，终结权谋时代

什么叫启蒙？“启”谓之开启，“蒙”谓之蒙昧。在一群蒙昧的民众中怎么可能产生一个真正强大的企业群呢？西方社会曾经经历过一个启蒙运动的时代，花了一百多年，我觉得中国启蒙运动的时间也许会比西方更长。

我对这一点并不乐观，上学并非完全是启蒙，**不要以为你念完硕士、博士就跟蒙昧没有关系了，我们现在讲的蒙昧，是指思维转变。**

一个读完博士的知识分子，依然有权谋思维，这有什么奇怪的。我们现在的教育体制下，多少人只是学习的机器，而没有任何独立思考的能力？

从这个层面来讲，**新启蒙讲的是人格独立的启蒙，中国企业要拥有创造性，需要一大批有独立思想、独立人格的员工！**

中国企业在中国改革中所做的最大贡献，就是开始了这个伟大的新启蒙进程。中国企业家在赚钱的同时，正在推动一个民族向现代化迈进的启蒙运动。

这个启蒙运动对企业的意义，就是建立一种以原则为中心，以法律为准绳的做事系统，从而彻底从依赖权力，依靠英雄的能人系统中摆脱出来。

一个真正的职业商人，当利益与原则发生冲突时，宁可放弃利益也要遵守原则。

问题是现在怎么办？**当一个新时代来临时，按新时代的要求做事，**

短期内也许会吃亏，但从长期来看，“吃亏是福”。

为什么有些企业不愿意讲诚信，不愿意多给用户提供价值？就是因为大多数人不愿意吃亏。正因为谁都怕吃亏，我们的用户从来没有被别人多给过。如果你多给他一些，他一定非常感激你。

这就像我们现在都怕上当受骗，你碰到一个人，一旦你确定他真是好人的话，你会怎么办？

当所有的人往左走，你就往右走吧。当有些企业家不忠诚于基本的商业原则时，如果你忠诚于商业原则，就会获得用户的尊重。

谁说用户短视，只注重眼前利益？**用户之所以不相信承诺，是因为没有找到值得他们相信的公司！**

新执行力：建立一个不依赖能人的伟大公司

当我们讲新执行力时，实际上是在讲，在经营企业的道路上，我们正在经历一场“以结果意识、用户价值与商业人格为核心的”新执行启蒙运动——在中国建立拥有独立人格的商业文化。

这样的公司有一个特点，那就是不再依赖某个伟大的企业家而存在，企业是因用户、因企业的组织制度与文化而存在的。

正是在这种意义上，我觉得联想柳传志、万科王石、TCL 李东生、华为任正非等，这一代中国最优秀的企业家都来到一个新的关口。他们能够把一个个小企业带到今天的地步，成为中国企业学习的榜样，无疑都是雄才大略、功勋卓著的优秀企业家。

我们不怀疑其中个别人能够完成自我否定和超越，比如王石很早就在万科致力于职业化建设，建立一个不以能人为中心的运营管理体制。李东生在TCL明确提出，要以世界级公司为标杆考量自己，建立国际化的思维视角。

王石在庆祝万科20周年的繁荣时，坦率地表达了自己的局限性：

> 我认为从文化背景来看，我们儒家文化背景、小农经济的操作方式，已经决定了我们的性格，包括我本人，是不适合搞全球大企业的。万科在第三个十年就要检讨这些问题，我佩服联想在战略上发生问题的时候，还能做到透明，但是这并不是中国企业的普遍性格。

2011年在哈佛大学，王石发表了他淡出万科以后的第一次讲话，他说："我们需要培养团队，培养制度，树立品牌。我记得，1999年、2000年的时候，有一个企业家选择了接班人，退休了，后来公司遇到问题，他重新出山。万科遇到危机，是否会这样？我的回答是不回去，无论从什么角度讲，我都不敢回去——万一做不好，英名毁了；回去做好了，又怎么样呢？只能说明自己培养的团队没有成功，不管从什么角度来说，我都不敢回去。"

中国不少企业家都将自己定位成一个或半个政治家，政治家是从来无所谓过时的。所以一个人的过时并不在于他懂多少，而在于他是否过于看重和留恋拥有的权力——那是过时的力量。

有人用国情不同来为这种回归做掩饰，在我看来事实并非如此。中国有句老话，慢工出细活儿，好东西要慢慢来，可慢慢来他们一是等不起，二是学习总是太累。他们的年龄、知识素养和私心，都不支持他们去否定自己，去不断创新。

问题是，时代是不以个人意志为转移的，一代人自有一代人的使命，一代人必须付出一代人应当付出的代价。**王石、柳传志所代表的第一代企业家，已经完成了自己的历史使命，他们把企业带到了相当的高度。目前这些企业面临的“突破困境”，理应由他们的第二代接班人来完成。**

我曾经详细研究过 IBM 90 多年的发展历程，我很希望大家借鉴这家公司的接班之道，我特别喜欢吉姆·柯林斯（《基业长青》《从优秀到卓越》的作者）对 IBM 之道的描述：

> IBM 的创始人沃森给自己定下的任务，是不但要使其事业步入正轨，而且要创建一个伟大的公司，它的成功，以及它的价值观将使该公司成为一种典范。沃森对待“企业文化”这个概念的做法，与美利坚合众国的开国者对待“资本主义民主”这个概念的做法如出一辙——他创造它的现代化模式并在实践中证实它能运行。

这样的评语，在中国，有哪家企业有资格承受？而类似的公司之道，你却可以很容易在苹果、亚马逊、宝洁、可口可乐、摩托罗拉等这批世界级公司中不同程度地看到——只是表现形式不同，但绝对没有本质上的不同。

这种对比留给我们的意义十分重大。当沃森1952年退下来的时候，他留给儿子小沃森的是什么？他留下来的不仅是一家公司，一个总裁位置，更多的是IBM独具特色的价值观和管理理念。这些价值观和管理理念今天被称为IBM之道，在IBM处于至高无上的地位。

IBM宣称，一切皆可改变，IBM之道绝不会变。

这就是真正的领导者。**谁有能力创造一种文化，一种能够支撑一家公司历经90年而不改初衷的文化，这样的人就可以获称伟大的企业家。**

这样伟大的企业家所创立的公司就可以获称伟大的公司。在这样的企业，在一个伟大公司工作的员工，他们存在的意义不仅是赚钱，更在于他们对自己存在价值的判定，以及对这个社会应当贡献的价值的判定。

在这样的坐标系下看中国企业，我们更能看清自己的位置，只有不“以成败论英雄”，才能真正懂得什么叫成功。

当然，我们不能苛求这些企业家。这一代企业家，是在“市场”与“计划”双轨制下打拼出来的，在这种环境下，他们能够将万科、联想带到今天，已属伟大。

但上天是公平的，你不去创造一个持续百年的文化，就不可能有持续的基因，结果就只会徒留一座江山与无数不可复制的“谋略”。所以，**只要他们还在企业中，这些企业的持续就会充满无穷的变数。**

这一代人做不到的，就让下一代人去做吧。我们永远不要假设一代不如一代。相反这一代做不到的，下一代未必做不到。有些东西是时代性的，伟大企业的基因，永远来自时代，而不完全是能人的结果。

一句话：能人时代已经终结，伟大企业的时代正在到来！